서울휘의
월급 받는
알짜
상가에
투자하라

서울휘의 월급 받는 알짜 상가에 투자하라

서울휘 지음

 국일 증권경제연구소

추천사

이제 상가도 콘텐츠 시대다!
대한민국 최고의 콘텐츠 생산자
서울휘처럼 상가에 투자하라!

김학렬(필명: 빠숑)

"부동산의 모든 것! 〈부동산 클라우드〉! 가슴 뛰는 강연, 그 열정과 함께합니다! 오늘 부동산 클라우드 시작합니다!"

매주 화요일과 금요일에 업로드되는 부동산 분야 1등 팟캐스트 〈부동산 클라우드〉의 시작 멘트입니다. 이 책의 저자인 서울휘 배용환 대표의 자신감 있는 목소리를 듣는 것만으로도 저는 이 방송을 사랑합니다.

〈부동산 클라우드〉 팟캐스트는 놀라운 콘텐츠입니다. 4만여 개의 팟캐스트 방송 중에서 전체 순위 30~60위권, 경제 분야 1~4위권을 유지하고 있다는 것은, 그만큼 많은 분이 공감하는 성과물을 만들어 내고 있다는 의미일 것입니다. 이 팟캐스트는 서울휘가 제작하고 서울휘가 진행합니다. 그의 주력 콘텐츠입니다. 물론 빠송과 아임해피도 함께 진행하고 있지만, 실질적인 이 콘텐츠의 총책임자는 서울휘 배용환 대표입니다.

〈부동산 클라우드〉는 팟캐스트 방송만의 이름이 아닙니다. 강의 플랫폼이기도 합니다. 그 외 유튜브, 아프리카TV, 네이버TV, 네이버 카페, 블로그 등등 부동산에 관한 한 매우 폭넓은 콘텐츠를 만들어 내고 있습니다. 이렇게 왕성한 콘텐츠 생산자로서 그가 성공적인 활동을 이어가고 있는 원동력은 무엇일까요?

저는 이것을 서울휘 배용환 대표가 성공한 상가 투자자였기 때문에 가능했다고 확신합니다.

상가를 어떤 콘텐츠로 채울 것인가
꼼꼼한 노하우 제시한 점 주목

《서울휘의 월급 받는 알짜상가에 투자하라》에는 상가 투자의 모든 것이 담겨 있습니다. 상가 투자에서 가장 중요한 것은 상가를 싸게 사는 것이 아닙니다. 상가를 어떤 콘텐츠로 채울 것인가에 대한 노하우가 더 중요하다고 생각합니다. 이 책을 읽으면 왜 서울휘 배용환 대표가 상가 투자를 잘할 수밖에 없었고, 양질의 좋은 콘텐츠 사업을 지속할 수 있었는지 공감하실 겁니다.

좋은 콘텐츠를 발굴해 낼 수 있다는 것, 그 콘텐츠를 구체화하는 것, 그리고 사업화하는 것, 이 안에 상가 투자의 모든 노하우가 녹아 있는 것입니다.

통상적으로 상가는 비싼 부동산이라고 생각합니다. 상가 부동산은 주거 부동산보다 시세가 높기 때문에 일반인들은 투자할 물건이 없다고 판단합니다. 이에 대해 서울휘 배용환 대표는 투자할 물건이 없음보다 안목 없음을 탓해야 한다고 합니다. 상가 투자를 하는 데 굳이 꼬마빌딩을 투자할 정도의 비용까지는 필요 없다는 것이 그의 제안입니다. 투자 금액이 적기 때문에 지레 포기하는 분들께 꿈과 희망을 주는 긍정적인 메시지인 것이죠. 주거 부동산을 투자하실 수 있는 분들이라면 충분히 주거 부동산 비용으로도 알짜상가 투자가 가능하다고 합니다.

그 방법으로 대출을 적극적으로 활용하라는 제안을 합니다. 일반 투자자들이 상가 투자에 부담을 느끼는 것은 비용이 많이 들고, 대출이 많이 나오지 않는 신규 분양 상가나 기존 상가를 일반 매매 형태로 매수하기 때문이라고 합니다. 오히려 분양 상가나 일반 상가보다 저렴한 가격에 획득할 수 있으며, 대출도 훨씬 높은 비율로 활용할 수 있는 경·공매 제도를 적극적으로 활용하라고 조언합니다.

상가 투자에는 또 다른 장벽이 있습니다. 많은 상가 투자 관심층들이 공실에 대한 공포를 안고 있습니다. 서울휘는 역으로 제안합니다. 공실은 필연이라는 것이죠. 공실이 날까 봐 걱정하기보다는 '어떻게 하면 공실을 피할 수 있을까'에 더 집중하라고 합니다. 서울휘만의 공피법(공실의 피하는 방법) 노하우가 눈에 띄게 빛나는 부분입니다.

임대인 관점으로 상가를 바라보게 되면 여러 가지 시장의 변화에 대응하기가 참 어렵습니다. 임대인들은 바뀌지 않으려는 경향이 높기 때문입니다. 상가 전문가들이 트렌드에 민감해야 하고 늘 새로운 콘텐츠에 깨어 있어야 하는 이유가 여기에 있는 것이죠. 결국, 임대인의 관점이 아니라 임차인의 관점으로 상가를 바라봐야 합니다. 지금 시장에서 가장 뜨고 있는 업종이 뭔지, 그 수요층은 누구인지, 시장성은 있는지, 얼마나 오래갈 수 있는 트렌드인지 말이죠.

알짜상가를 누구나 쉽게 매입하는 방법으로 5단계의 명쾌한 흐름을 제시합니다. 되도록 1층 상가를 목표로 하라, 트렌드가 반영된 업종을 선별하라, 우량 임차인을 유치하도록 노력하라는 것 외에 매수 대기 업종을 고르라고 합니다. 여기에 권리금 형성 부분도 반드시 꼼꼼하게 따져봐야 한다는 점을 덧붙입니다. 뜨는 상권, 지는 상권 파악은 물론, 뜨는 업종, 지는 업종까지도 늘 체크하고 활용하기 위한 전략 제안도 인상적이었습니다.

상가 투자는 월세 수익만을 생각하는 경우가 많습니다. 하지만 상가도 사업의 한 분야이기에 월세 수익뿐 아니라 시세 차익이라는 부분도 반드시 매입 단계부터 고려해야 합니다. 여의도의 대형 투자운용회사들의 기업투자 형태처럼 말이죠. 성공적인 상가 투자를 하기 위해서는 매입 단계부터 매각 단계까지 디테일한 투자 로드맵이 필요한 것입니다. 서울휘 배용환 대표는 몇 가지 사업체를 운영하는 사업자로서의 면모도 이 책에서 훌륭하게 보여주고 있는 것이죠.

결국, 알짜상가에 제대로 된 투자를 하려면 3가지 경쟁력을 확보해야 합니다. 상권 경쟁력, 입지 경쟁력, 콘텐츠 경쟁력이 그것입니다. 상가 부동산과 주거 부동산의 가장 큰 차이점은 바로 이 콘텐츠의 차이라고 생각합니다. 이제 상가도 콘텐츠의 시대입니다. 대한민국 최고의 콘텐츠 생산자 서울휘처럼 상가에 투자하셨으면 합니다. 바로 이 책 《서울휘의 월급 받는 알짜상가에 투자하라》는 여러분들을 성공적인 콘텐츠를 생산하거나 효과적으로 활용할 수 있는, 성공적인 상가 투자자로 만들어 줄 것입니다.

"상가 투자의 모든 것! 월급 받는 알짜상가에 투자하라! 가슴 뛰는 상가 콘텐츠, 그 성공과 함께합니다! 앞서나가는 상가투자, 지금부터 시작합니다!"

더리서치그룹 부동산조사연구소 소장, '빠숑의 세상 답사기' 블로그 운영자
《부자의 지도》, 《흔들리지 마라 집 살 기회 온다》,
《대한민국 부동산 투자》, 《서울 부동산의 미래》의 저자

추천사

상가 분야의 검증된 실전 고수
그 노하우를 풀어내다!

송희창(필명: 송사무장)

서울휘 님과의 인연은 2009년 다음(Daum) 카페 〈행복재테크〉에서 시작되었다. 지금까지 부동산 분야의 수많은 전문가와 인연을 맺고 있는데 그중에서도 서울휘 님이 가장 인상에 깊게 남아 있다. 아마도 처음 봤을 때부터 지금까지 거의 10년이 되는 시간 동안 흔들림 없이 '상가'라는 한 우물만을 파왔다는 사실 때문일 것이다. 그간의 피나는 노력 덕분에 이제 그는 상가 전문가로 확실한 자리매김을 했다.

그가 상가에 관한 자신의 경험담을 녹인 칼럼을 하나씩 올리기 시작한 때는 2009년, 당시에도 많은 회원으로부터 뜨거운 호응을 얻었다. 그리고 상가에 관한 책을 출간하고, 상가 투자 특강과 정규강좌까지 진행하며 대한민국 상가 투자의 대중화를 이끄는 주인공이 되었다. 그만큼 이 분야에서 잔뼈가 굵고 오랜 투자 경력으로 경험을 쌓아온 사람도 드물다.

어느 날 갑자기 '짠~' 하고 등장했다가 순식간에 사라지는 떴다방 전문가가 아닌, 기나긴 시간을 거치며 산전수전을 다 겪은 단단한 고수라는 것이다. 아니, 필자가 확언컨대 그는 고수임이 분명하다. 부동산 분야에 검증된 고수가 아니고서는 한 분야에서 이토록 오랫동안 인기를 유지하며 장수할 수 없다.

그런 그가 두 번째 상가 책을 낸다고 하기에 필자는 기꺼이 추천사를 써주겠노라 했다. 솔직히 필자에게는 추천사를 써달라는 부탁이 많이 들어오는데, 잘 모르거나 검증되지 않은 저자는 단호하게 거절한다. 따라서 이렇게 추천사를 쓰는 것은 필자가 서울휘 님을 고수로 인정했다는 말과 같다.

이번 책은 그가 쌓아온 상가 투자에 관한 거의 모든 노하우를 담아낸 것으로 여겨진다. 내공 깊은 고수의 노하우를 단 한 권의 책으로 만날 수 있다는 것은 독자로서는 크나큰 행운이다.

부자가 되려면
알짜상가를 하나씩 모아야

먼저 이 책에서 주로 다루는 '알짜상가'라는 구분상가는 서울휘 님이 지칭한 말이라 이해하면 되겠다. 필자 또한 강의하면서 수강생들에게 부자가 되려면 반드시 정복해야 하는 분야가 바로 이런 구분상가라고 말하곤 한다.

수익형 부동산을 주거형으로만 보유할 경우 도배, 보일러, 수리 등등 임대인이 사소한 하나하나까지 신경 써야 할 부분이 너무도 많다. 반면에 구분상가는 대부분 임차인이 직접 인테리어를 하고 문제가 발생했을 때는 관리사무소를 통해 해결하기 때문에 임대인은 월세만 체크하면 그만이다.

약 20~50억 원대인 5~7층 수준의 소규모 빌딩을 가리키는 꼬마빌딩은 연예인들에게는 적합한 투자 상품일지는 몰라도 한 푼 두 푼 모아 투자하는 일반인들에게는 너무 비현실적인 대상이다. 투자 경험이 많은 사람이라면 구분상가를 하나씩 모아가며 자신만의 상가 투자 시스템을 구축해나가는 것이 꼬마빌딩을 사는 것보다 훨씬 이점이 많다는 사실을 알고 있을 것이다.

구분상가와 꼬마빌딩의 장단점을 간단히 비교만 해보더라도 그 사실을 더욱 극명히 알 수 있다.

우선 건물 관리 측면에서 보자.

꼬마빌딩의 건물관리는 건물주의 몫이므로 시설 보수 역시도 건물주가 해야 한다. 관리비에서 관리업체의 청소비 및 경비용역의 인건비를 충당하는 것이 현실적으로 힘들다. 별도의 관리업체를 두는 것도 애매하여 무슨 일이 생길 때마다 임차인들은 건물주에게 연락한다.

반면, 구분상가에서는 임대인을 대신하여 관리해줄 관리사무소를 두고, 임차인들 역시 관리비 납부를 당연하게 여긴다. 또 건물에서 문제가 발생하면 임차인들은 임대인이 아닌 관리사무소로 찾아간다.

다음은 공실의 위험성 측면이다.

겉보기에 괜찮은 빌딩일지라도 지하층과 측면, 꼭대기 층을 임대 놓기란 그리 수월하지 않다. 필자의 지인 중 한 사람이 서울시 강남구 역삼동에 지하층이 있는 꼬마빌딩을 지었다가 지하층 임대가 되지 않아 수년간 공실로 두어야 했다. 결국, 지인이 직접 그 자리에 카페를 창업했다. 이러한 사례에 비추어 볼 때 구분상가는 매입할 때부터 공실 우려가 있는지를 따져볼 수 있어서 위험부담이 훨씬 적다.

부동산은 잘되는 5개보다 속 썩이는 1개가 더 신경 쓰이는 법이다. 상대적으로 임대수익은 적을 수 있으나, 공실이 없어 속 썩이지 않는 상가가 효자 상가라는 이야기다. 이러한 사실은 상가에 투자해본 사람이라면 쉽게 이해할 것이다.

마지막으로 자금 마련 측면에서 생각해보자.

언제, 어떤 일이 발생할지 모르는 것이 인생이다. 살면서 이러저러한 여러 변수가 나타나게 마련이다. 꼬마빌딩은 어느 정도의 자금력을 갖춘 경우가 아니라면 투자에 도전하기도 힘들다. 운 좋게 꼬마빌딩을 소유한다고 해도 추후 매매가 수월하지 않다면 급전이 필요할 때 자금 마련이 자유롭지 않다는 말이다. 그러나 구분상가 10개를 소유하고 있는 투자자라면 급전이 필요할 때는 그중 1개만 처분해도 자금을 마련할 수 있다. 이처럼 구분상가는 분할매수, 분할매도가 가능하여 자금에 관한 운용이 훨씬 자유롭다.

요즘 상가 투자에 관심을 두는 이들이 많은데, 투자할 때 무엇보다 필요한 것은 여러 종류의 상가에 대한 장단점을 꼼꼼히 따져본 후 접근하는 자세다.

돈뿐만 아니라 시간적 여유까지 가져야만 진정한 부자다. 이런 면에서 구분상가야말로 진정 부자들의 부동산이라고 할 수 있다. 필자도 보유하고 있던 주거형 물건들을 하나씩 정리하며 그 자리를 구분상가들로 채워나가는 중이다. 정말 제대로 된 상가의 매입은 든든한 노후를 보장한다. 그게 단 한 채라도 말이다.

독자 여러분도 이 책에 공개된 서울휘 님의 노하우를 가이드 삼아 똘똘한 알짜상가의 건물주가 되어 돈과 여유를 모두 가진 진정한 부자가 되길 진심으로 기원한다.

㈜케이알리츠 대표

《송사무장의 경매의 기술》, 《송사무장의 실전 경매》,

《송사무장의 공매의 기술》, 《셀프 소송의 기술》 저자

프롤로그

수익형 부동산의 꽃,
상가 투자

　2017년 새 정부는 부동산 대책을 발표했다가 실효성 논란이 일면 곧바로 더 강한 카드를 내놓았다. 부동산 규제 강도가 세지자 급기야 투자자들 사이에 이제 주택 시장은 끝났다는 말까지 나왔다.
　8·2 부동산 대책의 핵심은 실수요 보호와 단기 투기 수요 억제를 통한 주택 시장 안정화로 요약할 수 있다. 12년 만에 내려진 초강력 규제 정책이다 보니 향후 부동산 시장에 어떤 영향을 끼칠지 귀추가 주목된다.
　여기에 가계부채 급증에 따른 정부의 대응으로 내놓은 10·24 가계부채 종합대책이 나왔다. 2018년부터 도입되는 신DTI(총부채 상환 비율)로 기존 주택담보대출을 보유한 다주택자(2주택자 이상)는 DTI가 높아지면서 추가 주택담보대출이 어려워질 상황이다. 결국, 신DTI와 DSR(모든 대출에 대한 원리금 적용)을 통하여 추가 부채 증가를 막아서 가계부채의 증가세를 꺾고, 부채 관리를 하겠다는 정부의 의도를 보여준 것이다.

 정부의 부동산 규제로 가장 먼저 가시화된 부분은 아파트 갭투자였다. 일반인들의 투자 접근성이 가장 좋았는데 발목이 잡힌 셈이다. 대신에 규제의 틀에서 벗어난 수익형 부동산으로 관심이 옮겨오고 있다. 보통 수익형 부동산이라면 일반적으로 오피스텔에 주목한다. 하지만 이런 시기에 수익형 부동산 중 상가 투자에 더 관심을 가져야 하는 이유는 지속해서 가치 상승이 가능하고 투자자의 역량으로 상가의 가치를 더 끌어올릴 수 있는 상품이기 때문이다.

 이처럼 투자의 환경이 바뀌면서 정부의 각종 규제와 대출 규제에서 벗어나 있는 투자처로서 수익형 부동산이 대안처럼 여겨지는 데에는 여러 이유가 있겠지만 나는 크게 두 가지 측면에서 그 원인을 찾았다.
 하나는 금리 문제다. 예전엔 은행에 1억 원을 예금하면 이자만 한 달에 100만 원씩 나오던 때가 있었다. 그야말로 지금은 전설 같은 이야기가 되었다. 지금은 1억 원을 은행에 넣어둔들 크게 이익이 돌아오지 않는 세상이 되었다.
 또 하나는 우리나라에선 부동산의 가치가 떨어지지 않는다는 인식이 크다는 점이다. 부동산 가격이 출렁거려도 강남의 경우 매매가 거의 이루어지지 않는다. 그 가치를 알고 있기 때문이다. 상가도 이런 시각으로 봐야 한다. 결코, 상가의 오늘만 보고 투자하는 것이 아니다. 경쟁력 있는 상가는 희소성이 있고 시간이 흐를수록 꾸준한 가치 상승으로 이어진다. 그래서 상가 투자는 미래의 가치에 투자하는 것임을 기억해야 한다.

향후 시중 금리가 오를 것이 분명하나 그 폭은 급격한 전환이 아닌, 소폭 상승의 수준일 것이다. 당분간 저금리 기조가 이어질 것이 예상됨에 따라 투자처를 찾지 못한 자금이 지속해서 수익형 부동산으로 흘러갈 것으로 예상한다.

요즘 신문광고에는 다양한 분양 상가 광고로 도배되다시피 한다. 그러나 신문의 상가 분양 광고에서 제대로 된 옥석을 가릴 수 있는 사람이 과연 몇이나 될까? 몇 년째 공실로 비워두고 있는 상가들은 대부분 분양으로 주인을 만난 케이스다. 이 상가 주인들에게는 공통점이 있는데 어쩌다 한번 상가에 투자했다가 낭패를 봤다는 점이다. 상가 투자에서는 한 번의 실패만으로도 뼈아프다. 주변에서 종종 들려오는 투자 실패 사례를 듣고 있노라면 참으로 안타깝다. 그 사례를 가만히 들여다보면 부동산의 전반적인 이해나 대략적인 흐름만 알고 있어도 피할 수 있는 경우가 대부분이기 때문이다.

투자할 물건이 없음보다
안목이 없음을 탓해야

투자자의 길을 걸어오면서 나는 전문가가 아닌, 투자자의 입장에서 시장을 관찰하고 분석했다. 시장은 끊임없이 변화하고 진화하며 다양한 기회를 제공한다. 정부가 바뀔 때마다, 규제가 강화될 때마다 사람들은 이제 시장은 끝났다고 절망하고 어떤 이들은 이제 오를 만큼 올라서 투자할 물건이 없다고 푸념한다. 그러나 시장은 절대 끝나지 않는다. 오히려 끊임없이 진화하는 과정에서 우리에게 또 다른 기회를 제공하고 있다. 우리는 투자할 물건이 없음을 탓할 게 아니라 물건을 보는 안목이 없음을 인정해야 한다.

내가 10년 넘게 상가 투자를 계속하고 있는 것은 결국 투자가 내 적성과 맞기 때문이다. 투자가 내 기질과 성격에 맞는다는 사실을 투자를 본격적으로 시작한 지 몇 년이 지나고서야 알았다.

투자하는 과정에서 흥미를 느끼지 못했다면 아마 계속하지 못했을 것이다. 사람은 자기가 좋아하는 일은 자연스럽게 지속하지만, 좋아하지 않는 일을 지속하기는 어렵다. 사람마다 내면에 자기 고유의 의지에 반하는 일을 할 수는 없기 때문이다. 아무리 남들이 부러워하는 일이라도 자기 마음이 내키지 않으면 그 일을 계속할 수 없다. 그래서 나는 섣불리 사람들에게 상가 투자를 권하지 않는다. 이 일이 돈을 버는 일이라고 해도, 누군가에게는 맞지 않는 일일 수 있다. 반면에 상가 투자에 흥미를 느끼는 사람이라면 아무리 하지 말라고 해도 언젠가는 그 스스로 투자의 세계에 입문할 것이다.

그러나 해보지 않고서는 자기의 성향이나 의지를 알 수 없다. 또 해보지 않고 이렇다 저렇다고 말한다 한들 설득력 있게 들릴 리 없다. 이 책을 통해서 수익형 부동산의 전반적인 이해와 상가 투자의 여러 면모를 엿볼 기회를 가져 보길 바란다. 상가 투자가 자기에게 맞는 일인지의 결정은 책을 다 읽고 난 후에 해도 늦지 않다.

상가 투자에는 확실히 묘한 매력이 있다고 생각한다. 처음 내가 월세를 받고서 마치 상가에서 월급 받는 듯한 묘한 즐거움을 느꼈던 그때에도, 여러 상가를 효율적으로 관리하며 임차인과 상생 관계를 구축하려고 노력하는 지금도, 내 가슴을 뛰게 하는 일이기 때문이다.

지금 하는 일에서 심장의 울림을 느끼고 있는가? 그렇지 않다면 다른 곳으로도 눈을 돌려보라. 이 책이 삶을 전환하는 과정의 시작이 되어 줄 것이다.

2018년 2월
서울휘

목차

추천사 빠숑 김학렬 4
추천사 송희창 9

프롤로그 14

1부
인생 투자, 알짜상가로 시작하라

01 | 진짜 부자들만 한다는 상가 투자 26
02 | 왜 알짜상가인가? 32
03 | 상가의 수익구조와 가격결정력 38
04 | 경매로 월급 받는 꿈을 키우다 45
05 | 알짜상가로 시작했던 나의 첫 투자 51
06 | 나의 첫 번째 상가 낙찰기 58
07 | 사람들에게 도움이 되고픈 상가 투자의 길라잡이 63

칼럼: 서울휘의 알짜상가 이야기_상가투자, 공실은 필연이다 66
서울휘의 알짜상가 투자 사례 1 70

내 안의 투자 본능을 깨워라

08 | 나에게 맞는 알짜상가 어떻게 고를까? 74
09 | 알짜상가 매입 순서의 첫 번째는 경·공매로 80
10 | 경매를 통한 상가 매입의 장점 86
11 | 조심해야 할 분양상가의 세계 96
12 | 알짜상가 매입의 5가지 핵심 전략 106
13 | 매입부터 매각까지 투자 로드맵을 그려라 112

칼럼: 서울휘의 알짜상가 이야기_상가투자 수익률의 비밀 117
상가 대출 잘 받는 법 120
서울휘의 알짜상가 투자 사례 2 126

3부
상권을 분류하고 입지를 분석하면 가치가 보인다

14 | 상권, 입지, 콘텐츠경쟁력을 갖춘 알짜상가 130
15 | 상권경쟁력을 갖춘 뜨는 상권을 찾아라 138
16 | 변화하는 상권경쟁력을 예측하라 145
17 | 입지경쟁력으로 노출을 확보하라 150
18 | 입지경쟁력을 갖춘 알짜상가 156
19 | 상가별로 알아보는 투자 키포인트 172
20 | 상권의 생애 주기를 파악하라 184
21 | 유명 상권 변화의 조짐을 포착하라 187
22 | 상권의 호재는 빠르게, 악재는 서서히 반영된다 192

칼럼: 서울휘의 알짜상가 이야기_선택은 기회와 연결된다 198
서울휘의 알짜상가 투자 사례 3 202

트렌드를 읽어서 콘텐츠를 파악하라

23 | 트렌드를 포착하면 콘텐츠가 보인다 206
24 | 콘텐츠경쟁력을 갖춘 알짜상가 219
25 | 알짜상가의 가치를 높여줄 황금 업종 225
26 | 대기업 업종 vs 블루칩 업종 231
27 | 트렌드에 따라 뜨는 업종 vs 지는 업종 244
28 | 변화가 일어나는 곳을 주목하라 257
29 | 상권을 변화시키는 젠트리피케이션 현상과 도시 재생의 힘 266

칼럼: 서울휘의 알짜상가 이야기_임차인, 임대인 그 너머에 사람이 있다 272

에필로그 275

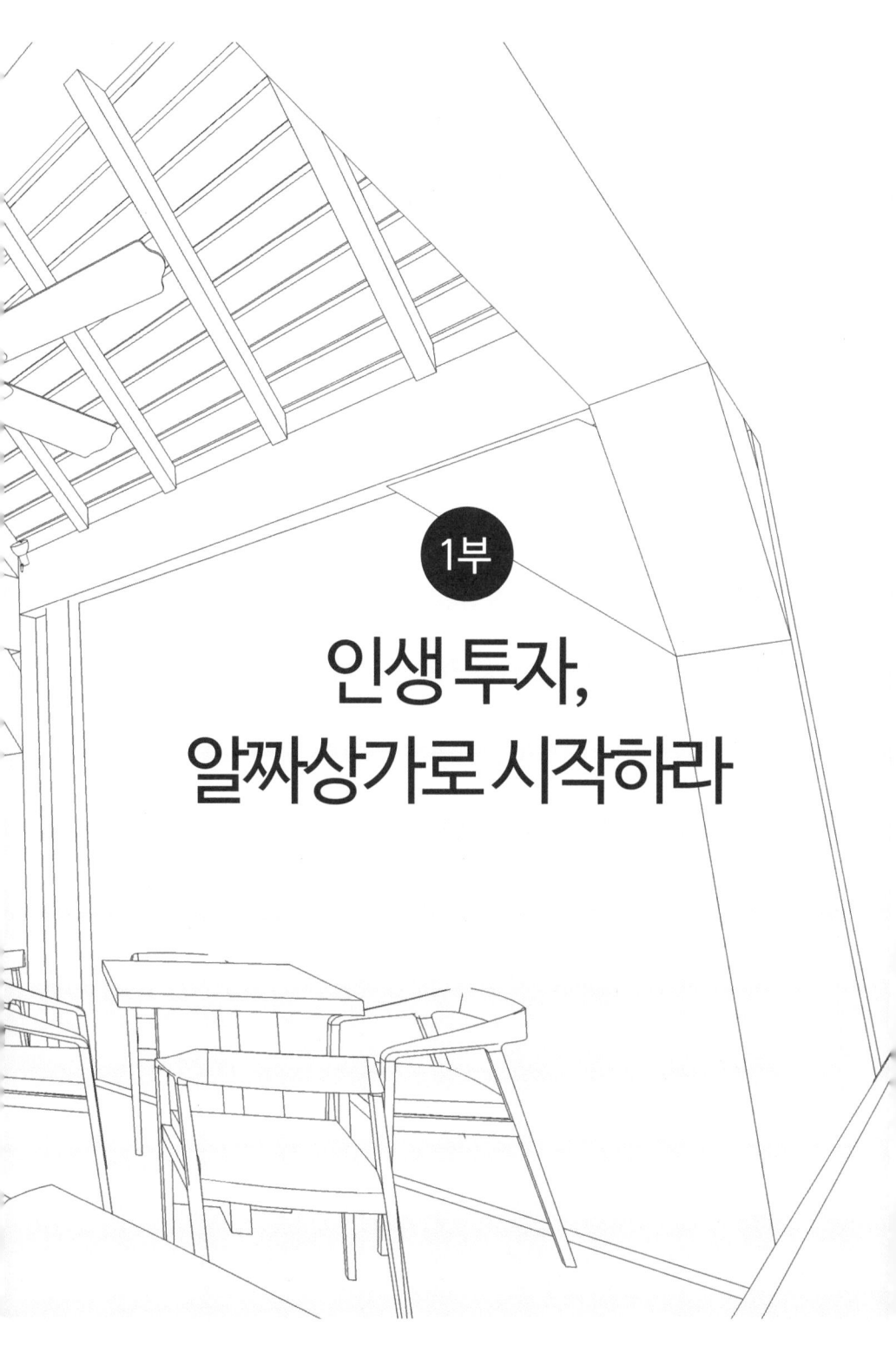

1부

인생 투자, 알짜상가로 시작하라

진짜 부자들만 한다는
상가 투자

  나는 30대에 상가 투자를 시작했다. 주변 사람들은 상가 투자를 하는 나를 신기하게 생각했다. 사람들 사이에서도 상가 투자는 어렵지 않을까 하는 막연한 생각을 하고 있어서일 것이다. 예전과 달리 부동산 투자 인구가 제법 늘어난 지금도 유독 상가 투자만큼은 접근하기 어려운 분야라고 여긴다. 아직 대중적인 투자 종목이 아니어서 그럴까? 하지만 대중적인 투자 종목이 아니라고 해서 투자 가치가 낮다는 것은 아닐 것이다.

  상가 투자를 하면서 알게 된 또 다른 사실이 있다. 부자들치고 상가 건물 하나쯤 보유하지 않은 사람은 없다는 것이다.

  KB금융지주 경영연구소에서는 2011년부터 해마다 '한국 부자 보고서'를 발표해 오고 있다. 지난 2017년에도 금융자산 10억 원 이상 보유한 부자 400명을 중심으로 분석한 자료를 내놓았다. 대한민국 부자들의 자산 운용 행태와 전반적인 투자 규모 및 재테크의 흐름을 파악할 수 있는 중요한 자료다.

이 보고서에 따르면 금융자산 50억 원 이상 보유한 슈퍼 리치들은 아파트보다 수익형 부동산 투자를 우선순위로 꼽았다. 이들이 가장 유망한 부동산 투자처로 꼽은 것도 '빌딩·상가'(61.9%)였다. 부자들이 한다고 다 돈이 된다는 보장은 없을 것이다. 하지만 그들의 투자 형태를 살피다 보면 뭔가 힌트라도 얻을 수 있을 것이다. 부자가 되고 싶으면 부자의 생각을 따라 하라는 말이 있지 않던가. 나 역시 그들의 생각과 투자 방식을 배우고 싶었다. 부자들이 하는 생각, 부자들이 하는 투자 패턴을 분석하다 보면 나도 언젠가는 그들과 같은 길을 가고 있지 않을까?

흔히 부동산 투자에 입문할 때 많은 사람이 아파트, 빌라, 주거용 오피스텔과 같은 주택용으로 시작한다. 그리고 어느 정도 주택 시장에 익숙해지고 나면 다음 단계가 수익형 부동산이다. 수익형 부동산 중에서도 여러 가지가 있지만 그중 백미는 상가 투자다.

상가는 경기의 흐름에 밀접한 관계가 있다. 경기가 좋아서 장사가 잘되면 임대료가 오르고, 상가의 가치도 뛰어 자산 가치가 커진다. 더불어 은행 이자와 비교할 수 없는 임대수익을 안겨주는데 그 수익은 매각 가격에 고스란히 반영된다.

샐러리맨들을 포함해 일반인 중 많은 사람이 자기 사업을 하는 꿈을 꾼다. 그 출발이 대개 점포를 열어 장사하는 것이다. 왜 장사를 하려고 할까? 단기간에 돈을 벌기에 장사만 한 것이 없기 때문이다. 특히 먹는 장사를 많이 한다. 우리나라 자영업의 상징이라면 단연 치킨집인데 네이버와 다음이 제공하는 지도에서 치킨집을 검색하면 각각 6만 6403건, 7만 1194건이 나온다고 한다. 이 치킨집의 수는 전 세계 맥도널드 매장 수인 3만 6300여 개보다 2배가량 많다.

옛날이나 지금이나 많은 직장인이 매달 눈치 보며 월급 받으니 차라리 자기 사업을 하면서 돈 버는 일을 원한다. 그래서 사람들은 불경기라 힘들다고 하면서도 장사를 시작하고, 한번 시작하면 계속한다. 문 닫은 점포가 늘었다고 하지만 여전히 사람들은 새로운 대박 신화를 꿈꾸며 가게를 연다. 상가 투자는 이러한 수요 속에서 끊임없이 수익을 창출할 기회를 만들어 낸다. 주택 시장에서는 맛볼 수 없는 높은 수익률이라는 투자의 묘미가 담겨 있기 때문이다.

투자 금액 대비 가치 상승을 따진다면 단연 상가 투자다

우리나라의 사정에서 볼 때 임대료는 물가상승률보다 항상 더 오른다. 그래서 상가는 물가 상승률을 충분히 헤지(hedge)할 수 있는 것이다. 상가에 투자하려면 무엇보다 입지와 콘텐츠, 부가가치를 높일 수 있는 업종을 선택해야 한다. 이 중에서 가장 중요한 것은 입지다. 좋은 입지에 상가를 보유했다면 우량한 업종을 넣을 기회를 얻는 것과 같다.

학원을 운영한 사람은 어느 자리가 학원이 잘되는지를 안다. 삼겹

살집을 하던 사람은 어느 자리에서 장사해야 잘되는지를 안다. 이런 사람들이 경매를 통해 상가를 값싸게 매입한다면 어떨까? 그 시너지 효과는 놀라울 정도다. 그들은 업종의 특성을 잘 아는 전문가의 눈으로 입지를 보는데, 업종의 전문성을 발휘할 자리를 찾아내 자기 사업과 임대사업을 병행하기도 한다. 이처럼 자기 사업을 해서 대박을 낸 경험이 있거나 자기 사업의 콘텐츠가 확실한 사람이라면 상가 투자의 성공 가능성은 더욱 올라갈 것이다. 우리가 상가 투자에 대해 꼭 배워두어야 하는 이유가 투자자로서 상가 임대사업을 통해 얻는 수익률이 전부가 아니다. 이처럼 자기만의 탄탄한 콘텐츠로 장사하는 사람들이 임대사업까지 잘 활용한다면 높은 수익률을 넘어 더 안정적으로 자기 점포에서 장기적인 플랜을 가지고 운영할 이점까지 얻을 수 있기 때문이다.

자기만의 탄탄한 콘텐츠가 있는 사람이라면 운영하는 점포가 경매로 나왔을 때 낙찰받는 것도 좋은 방법이다. 특히 사업 수완이 좋아 자기의 능력으로 자리를 잡은 점포가 경매로 나왔다면 낙찰받는 편이 임대료 내는 것보다 유리하다.

몇 해 전에 인천 계양구청 인근에 장사가 아주 잘 되는 음식점이 경매로 나왔다. 이 동네에서 꽤 유명한 식당이었다. 권리금도 제법 받을 수 있는 점포라 그런지 9명이 경합해 임차인이 낙찰을 받았다. 처음 임차인이 낙찰을 받았을 때 계속해서 그곳에서 장사할 것으로 짐작했다. 하지만 임차인은 낙찰받고 소유권이전등기를 마친 후 곧바로 새로운 임차인에게 권리금을 받고 가게를 넘겼다. 그리고 자신은 점포를 열 만한 새로운 시장을 개척하러 떠났다고 한다.

이처럼 사업 운영에 노하우가 있는 사람은 경매를 통해 더 다양한 투자전략을 구사할 수 있다. 이런 사람들은 향후에도 경매로 나온 불모지 상가를 낙찰받아 자기의 사업 수완을 이용해 맛집으로 탈바꿈시킨

경매로 나온 상가를 임차인이 낙찰받은 물건의 정보

기존 식당 I 내부, 외부 전경.　　　　새로운 임차인이 들어와 쌈밥집으로 바꾼 후 모습

후에 권리금을 받고 다음 임차인에 넘길 수도 있을 것이다.

　장사를 시작한 지 5년 동안 세 번이나 자리를 옮겨 다닌 사람이 있었다. 상가를 임대하면 보통 2년 계약을 한다. 처음 계약하여 들어올 때 제법 돈을 들여 인테리어와 시설 투자를 하기 때문에 쉽게 자리를 옮기지 못한다. 그런데도 자리를 옮길 수밖에 없는 이유는 올라만 가는 임대료를 버티지 못하기 때문이다.

　또 어떤 이는 점포를 운영하는 동안 상가 주인이 3번 바뀌고, 주인이 바뀔 때마다 임대료는 올라갔다고 하소연한다. 새로운 주인에게 임대료 올려주고, 장사가 잘된다고 소문이 나니 덩달아 상가의 가치까지 올라간다. 결국, 남 좋은 일만 한 셈이라는 것을 뒤늦게 알게 됐다.

　그래서 장사하는 사람이라면 자기 점포에서 장사할 생각을 해야 한다. 사업을 지속해서 영위하려면 더욱 상가 투자에 관심을 가져야 하는 이유다.

왜
알짜상가인가?

 상가 투자는 빌라나 아파트와 같은 주거용 투자와 접근법이 다르다. 처음 이 책을 기획할 때 어떤 상가를 '알짜상가'로 규정할지 고민했다. '알짜'라는 단어에 걸맞은 상가 투자의 명확한 원칙과 핵심을 담아야 한다고 생각했다.
 사실 처음부터 알짜상가라는 단어를 사용했던 건 아니다. 2017년 초 블로그를 통해 투자 수익률이 높은 상가를 타깃으로 물건을 찾았다. 그렇게 찾은 물건을 현장 방문하고 입찰과 낙찰을 통해 진행하는 과정을 친절히 설명했다. 그것이 '서울휘의 꼬마상가 프로젝트'인데 그 목적은 제대로 된 알짜상가를 잘 골라 투자하는 것이었다.
 가만히 살펴보니 내가 집중적으로 투자하는 상가들이 알짜상가의 조건들을 대부분 갖추고 있었다.

Hello 알짜상가!

 상가 투자를 하는데 자기 나름의 기준으로 투자해야 할 물건과 조심해야 할 물건, 웬만하면 해서는 안 되는 물건으로 구분할 수 있다. 그런 기준이 세워져 있어야 하고 알짜상가를 고를 수 있는 조건을 하나하나 점검해 나간다면 상가 투자가 처음인 사람도 쉽고 친숙하게 접근할 수 있을 것이다. 그것이 알짜상가를 통해 전달하고 싶은 내용이다. 이제 알짜상가를 찾아 가슴 뛰는 상가 투자의 세계로 나아가보자.

알짜상가의 기준은 무엇일까?

 알짜상가가 무엇인가부터 알아보자. 우선 나는 '매매 가격이 10억 원 미만'의 기준으로 잡았는데, 그 이유는 근래 분양하는 1층 상가들의 가격이 대략 10억 언저리에서 넘나들기 때문이다.

 우선 공략 가능한 최적의 가성비 상가의 가격대라 보면 된다. 처음에는 알짜상가의 공략 대상을 5억 원 정도 매수할 수 있는 상가를 타깃으로 삼았지만, 최근에 분양가가 상승한 점과 투자의 안정성과 가성비 측면을 고려해 투자금의 범위를 그보다 높게 잡았다.

 근래 서울이나 신도시 상권에 들어서는 건물의 1층 상가의 분양가를 보면 3.3㎡당 4000만 원이 넘는다. 심지어 5000만 원이 넘는 곳도 있다. 가령 1층 분양 평수는 보통 66㎡(20평)라면 평당 4000만 원으로 봤을 때 8억 원이라는 금액이 나오는 것이다. 이런 점에 착안하여 10억 원 미만의 상가를 알짜상가의 타깃으로 보았다.

"10억이라뇨? 평생을 모아도 살 수 없는 돈인데요?"

미리 겁먹지 말자. 현금 10억 원을 다 주고 살 수 있는 사람은 생각보다 많지 않다. 10억 원은 내가 매입할 때 드는 실제 비용이 아니라 부동산의 매입 금액이다. 이 책에서 말하는 10억 원 정도의 매입 금액은 최대 금액으로 상한선의 기준일 뿐이고 실제로 주로 공략하는 만만한 상가 가격대는 3~5억 원대에서 거래되는 경우가 일반적이다.

이 정도 가격대에서 거래되는 알짜상가의 일반적인 면적은 1층 상가의 경우 장사할 수 있는 최소 넓이인 20㎡(6평)부터 40㎡(12평)까지를, 지상층(2층 이상을 지상층이라고 한다)이라면 2층은 66㎡(20평), 3층은 99㎡(30평) 정도가 일반적인 알짜상가의 규모에 속한다고 볼 수 있다.

얼마면 되겠니? 투자금의 실체

"상가를 매입하려면 얼마가 있어야 하나요?"

얼마 정도의 돈이 있어야 상가 투자에 나설 수 있을까?

투자에 조금만 관심이 있는 사람이라면, 마음만 먹으면 누구나 시도할 수 있는 정도의 금액, 5000만 원이면 충분하다. 대출을 최대한 활용하면 2억 원 정도의 매물에 접근할 수 있다. 분양이나 일반 매매로는 어렵지만, 경매를 통한다면 충분히 가능하다.

내가 처음 상가 투자를 시작했던 10년 전에는 초기 자금 3000만 원으로도 경매에 도전할 수 있었다. 하지만 지금은 5000만 원 정도 되어야 괜찮은 물건을 고를 수 있다. 시장 변화, 물가상승 등 여러 가지 이유가 있겠지만, 그 이유가 무엇이든 한 가지 확실한 사실은 상가의 가치도 그만큼 올랐다는 것이다. 1~2억 원대의 비교적 적은 돈으로 투자할 수 있는 상가는 그만큼 경쟁률도 높고 수익률 역시 별 볼 일 없다. 그렇다고 5억 원이 넘어가는 고가의 물건이라 해서 수익률까지 비례해서 커지는 것도 아니다. 지금은 평균 3~5억 원 정도의 상가가 가장 수익률 면에서 가성비가 높은 편이다.

상가를 매입하는 방법은 분양, 일반 매매, 경매로 나눌 수 있다. 매입하는 방법에 따라 투자금뿐만 아니라 실수익률도 달라진다. 그러므로 상가에 투자할 때는 어느 방법이 자신에게 유리한지를 따져보고 선택해야 한다.

경매를 이용하게 되면 대출을 최대한 많이 활용할 수 있다. 투자금 대비 수익률 측면에서 경매로 상가를 매입하는 경우가 가장 실투입 금액이 적게 들어간다. 가령 3억 원짜리 상가를 낙찰받았다고 하면 처음 입찰보증금 3000만 원과 대출을 80% 실행하고 나머지 10%인 3000만 원 그리고 취득세 및 기타 경비 10%가 필요하다고 보면 된다. 통상적으로 매입 금액의 30% 자금이면 충분하다.

분양이나 일반 매매는 대출이 매입 금액의 50% 나온다고 보면 된다.

생각보다 많이 나오지는 않는다. 덕분에 실투자금이 많이 들어가긴 하지만 반드시 분양으로만 만날 수 있는 상가도 있으므로 매입 방법마다 효율적인 측면을 잘 파악하는 것이 좋다.

구분	대출 한도
분양	40~50% 대출 가능
일반 매매	40~50% 대출 가능
경매	80~90% 대출 가능

대출은 감정가의 80%만 실행

경매로 나온 상가를 예로 들어보자. 서울숲 근처에 있는 감정가 630,000,000원인 물건이 경매에 나왔다. 이러한 물건을 감정가에 입찰하기 위해서는 약 2억 원(약 30%)의 자금이 필요하다. 또한, 경매에서 두 번 이상 유찰이 된 물건은 대출을 극대화하여 최대 90%까지도 대출을 받을 수 있다.

예전에 내가 감정가의 40%대에 낙찰을 받은 물건에 대해 은행에서 대출을 무려 90%나 해주었다. 덕분에 보증금 500만 원을 회수하니 돈이 거의 들지 않았다. 말하자면 실투자금 100만 원으로 상가 투자를 한 셈이다. 이렇듯 상가경매는 실투입금을 거의 들이지 않고 투자하는 '무피 투자(자기자본 없이 하는 투자)'가 될 수 있다.

하지만 근래 들어서 경매 시장에도 변화가 생겼다. 우량 물건은 대부분 신건에서 낙찰이 되어버린다. 신건에서 낙찰되면 감정가와 낙찰가 중 낮은 금액인 감정가에서 최대 80%의 대출을 받을 수 있다. 감정가보다 더 높은 금액에 낙찰받았다면 당연히 실투자금이 늘어나게 되는데 낙찰가와 감정가 중에 낮은 금액을 기준으로 대출이 실행된다.

 대출을 잘 받기 위해서는 신용등급 관리가 중요하다. 평소 신용등급은 5등급 이내로 잘 관리하는 게 좋다. 정기적인 수입이 있으면 금리를 협상할 때 유리하다.

 이상 알짜상가가 무엇인지 그리고 알짜상가를 매입하는 데 어느 정도의 자금을 가지고 접근해야 하는지 살펴보았다. 경매의 최대 강점은 아마도 최소의 투자 금액으로 투자를 실행할 방법의 제공일 것이다. 그러니 '돈 없어도 경매한다'는 이야기가 나오는 것이 전혀 이상한 일이 아니다.

상가의 수익구조와
가격결정력

그렇다면 내가 왜 수많은 부동산 투자 분야 중에서도 상가를 선택하게 되었을까? 그것은 상가만의 확실한 강점이 있다고 생각했기 때문이다. 상가에 투자했을 때 얻을 수 있는 수익에 대해서 자세히 알게 된다면 좀 더 수긍할 수 있을 것이다.

수익에 관하여

크게 실현 수익과 지역 권리금(바닥 권리금)에 의한 수익이 있다. 실현 수익이란 투자 및 임대, 매각했을 때 자신이 실질적으로 얻는 수익을 뜻한다. 쉽게 말해 임대를 실현했을 때 나오는 수익과 매각을 실현했을 때 나오는 수익의 합을 실현 수익이라고 한다.

임대수익을 생각하고 상가에 투자할 때는 임대수익에 대한 자신의

'요구수익률'을 정해야 한다. 요구수익률이란 투자자가 상가에 투자할 때 요구하는 최소한의 수익이 있는데 그것을 요구 수익이라 한다. 만약 투자자가 수익률 5% 이하로는 투자하지 않겠다는 계획을 세웠다면 5%가 요구수익률에 해당한다.

요구수익률은 금리와 연동하는데 금리가 오르면 요구수익률도 올라간다. 금리와 연동하여 보통 3%의 차이를 두고 움직인다. 즉, 금리가 현재 2%대라면 보통 요구수익률은 5%로 설정하게 되고, 이는 금리가 오를수록 상향 조정된다. 향후 요구수익률이 자신의 상가를 매각할 때 가격을 결정하는 중요 지표가 되므로 잘 기억해두자.

특히 임대수익을 목표로 노후대비용으로 상가 투자를 생각할 때에는 단기와 장기로 나누어 투자 물건을 선별해야 한다. 2~4년 이내 단기 매매를 할 것인지 5년 이상 장기 투자로 갈 것인지 임대와 함께 매도계획까지 매입 단계에서 생각해두는 게 좋다.

노후대비를 위해서 상가에 투자할 때는 인근에 큰 변화가 일어나지 않는 곳을 찾는 게 핵심이다. 가령 택지개발이 완료되어 더 이상 새로운 건물을 지을 땅이 없는 곳, 이런 곳은 시간이 흐를수록 가치가 점점 올라가기 때문에 최적의 위치라 할 수 있다.

매각실현 수익을 우선시한다고 무조건 매각을 하는 것이 최우선 목표는 아니다. 언제든 팔 수 있는 상가와 그렇지 않은 상가는 그 가치에 있어서 확연한 차이가 있다는 포인트로 접근하면 이해가 빠를 것이다. 투자를 하다 보면 여러 가지 발생하는 변수 때문에 스트레스를 받기도 한다. 이럴 때 마음을 다잡을 수 있게 명분이 되는 것 역시 매각 계획이다. 최종 매각 수익을 타깃으로 삼고 있으면 여러 갈등 상황에 좀 더 긍정적으로 대처할 수 있고, 주기적으로 발생하는 문제로부터 자신의 에너지를 과도하게 뺏기지 않는다.

현재 일어나는 변수들에 잘 대처해 나가면서 적절한 매각 타이밍에 예상 수익을 남기는 것이 가장 중요하다.

권리금은 무엇인가

2015년 5월에 개정된 '상가건물 임대차보호법' 제10조의 3 제1항에 따르면 이렇게 규정하고 있다.

'임대차 목적물인 상가 건물에서 영업을 하는 자 또는 영업을 하려는 자가 영업시설·비품, 거래처, 신용, 영업상의 노하우, 상가 건물의 위치에 따른 영업상의 이점 등 유형·무형의 재산적 가치의 양도 또는 이용 대가로서 임대인, 임차인에게 보증금과 차임 이외에 지급하는 금전 등의 대가'를 의미한다.

권리금의 산정은 약 1년 정도의 수익금을 기준으로 책정한다고 보면 이해가 빠르다. 한 달에 1000만 원의 수익이 나온다고 할 때, 그 자리에 다른 임차인이 들어온다면 권리금은 1억 2000만 원 정도 줘야 하는 의미로 보면 된다. 저 금액을 주고 언제 장사해서 메워야 하나 생각하지만 보통 권리금을 주고 들어가는 사람들은 자기가 주었던 권리금보다 더 높게 받고 나갈 생각을 하면서 들어간다.

창업하려는 사람이 경매를 이용하면 초기 투자비용을 상당히 줄일 수 있다. 경매로 나온 물건인데 상권이 안정된 지역의 상가라면 당연히 권리금이 형성되어 있을 것이고 이 물건을 경매로 낙찰받으면 권리금 없이도 창업할 수 있다. 최근에 새로 생긴 상가는 처음부터 권리금을 아예 주고받지 못하도록 강제하는 경우도 많아지고 있다. 그 이유는 권리금 분쟁에 휘말리고 싶지 않은 임대인들의 심리가 반영된 것도 있지만, 권리금이 없다면 시세보다 임대료를 조금 더 올려도 들어오고 싶어 하는 임차인들이 많아졌기 때문이다.

권리금을 세부적으로 살펴보면 임차인 간에 지급하는 대가로 영업 권리금과 시설 권리금으로 나누어진다. 이는 임차인 간의 거래사항이므로 임대인이 관여하지 않는다. 반면, 지역 권리금은 임대인이 받을 수 있는 권리금이다. 권리금은 일반적으로 프리미엄의 속성을 띠고 있는데 지역 권리금 역시 점포가 위치한 장소에서 영업할 때 발생하는 이점을 금액으로 환산하여 지급하는 대가다. 그러므로 위치에 따른 대가 명목으로 그 건물의 주인인 임대인에게 권리가 있다.

보통 신규 분양 점포의 핵심 위치, 기존 상권의 신생 건물 1층 상가, 건물주가 운영하던 코너 상가 위치, A급 상권에서 주로 발생한다. 지역 권리금은 임대인만 받을 수 있다. 향후 계약 종료 시 반환하지 않는 게 특징이며 이를 계약서상에 명시하는 게 일반적이다.

임대 실현 수익, 매각 실현 수익, 지역 권리금 이 세 가지 수익이 반드시 상가를 통해서만 얻을 수 있는 이익일까? 임대수익과 매각수익은 일반 아파트 투자에도 적용되지만, 권리금 부분은 상가에만 있는 것이다.

경매를 만나면 사라지는 권리금

아파트든 상가든 경매의 가장 큰 장점은 시세보다 더 싸게 살 수 있다는 것이다. 개정된 상가건물 임대차보호법은 임대인이 임차인의 권리금 회수 방해 행위를 못하도록 하여 임차인의 상가권리금을 보호하고 있다(상가건물 임대차보호법 제10조의 4). 단, 경매로 진행되어 새로운 낙찰자가 생겼을 때는 임차한 건물의 임차권은 소멸한다.

하지만 권리금이 있으면 이러한 사실을 인지한 임차인에 의해 대부분 협의를 할 때가 많은데 사안에 따라 강제집행을 해야 하는 일도 발생할 수 있다. 일단 임차인의 명도가 이루어지고 나면 낙찰자는 권리금이 없는 상태로 상가를 인수하게 되고 이 상가를 다음 임차인에게 임대를 줄 때는 권리금이 없는 상태가 된다. 그러므로 임대료가 조금 높더라도 임차의 수요는 높아지므로 임대하기가 유리하다. 낙찰자가 실제 자신의 점포에서 장사를 하기 원하는 사업자라면 특히 고려해볼 만하다.

상가 투자의 가격결정력

임대수익과 매각 수익은 상가뿐만 아니라 일반 아파트 투자에도 적용되지만, 꼭 동일하다고 할 수 없다. 그 이유는 가격결정력과 관련이 있다.

아파트나 빌라와 같은 주택은 대부분 전체 시장의 흐름에 따라 가격이 결정된다. 옆집 가격이 3억 원인데 내 집만 4억 원을 받을 수는 없다. 아파트는 실거래가가 공개되어 있기에 내 집만 비싸게 팔 수 없기 때문이다.

하지만 상가는 조금 다르다. 상가는 시세 정보가 노출되지 않는다. 아파트에는 당연하게 존재하는 '시세'라는 것이 상가에는 없다. 그 이유는 거래 빈도가 적고 수익률에 근거해 가격이 책정되기 때문에 임대료가 공개되지 않는 한 시세를 예측하기가 어렵다. 같은 지역, 동일 건물에 있어도 임대료가 각기 다르기 때문에 오히려 남보다 조금만 더 관심을 기울이면 투자의 기회를 포착할 수 있다.

상가는 임대료를 기반으로 수익률을 올릴 수 있는 만큼 매도금액 또한 다른 상가와 차별화시킬 수 있다. 매각 시점에 매도금액을 스스로 정할 수 있다는 것이다. 상가의 매매가격을 결정하는 기준은 바로 수익률인데 수익률은 임대료에 의해서 좌우된다. 임대료를 높일 수만 있다면 매매가격을 올릴 수 있다. 물론 적정 임대료가 있지만, 임대료는 매출액(통상 20% 이내에서 임대료가 책정)에 비례하니 높은 매출을 일으키는 업종과 임차인을 잘 선별하면 그 가능성이 올라간다. 이렇듯 가격 결정력을 차별화할 수 있는 것은 임차 업종 차별화를 통해서 실현할 수 있다.

자신의 상가에 어떤 업종을 들어오게 할 것인지에 따라 인접한 점포보다 높은 임대료를 받을 수 있다는 이야기다. 그리고 그 차이가 바로 매각 차익을 만드는 중요한 포인트가 된다. 즉 어떤 업종이 들어오는지에 따라 임대료와 매각 차익의 차별화를 끌어낼 수 있다는 점을 잘 기억하자.

상가는 이렇게 매도가격과 임대료가 개별적인 요소로 작용한다는 점이 상가 투자의 장점이자 단점이 된다. 이는 일반 아파트나 주택 투자에서는 보기 드문 상가만의 특징이다. 상가만의 다양한 수익구조와 매도 시 가격결정력을 보유하고 있다는 점은 다른 분야의 부동산 투자와 비교해 볼 때 상가 투자 고유의 메리트가 될 수 있다.

> **Hello! 알짜상가 접근법**
>
> - 10억 원 미만의 상가
> - 1층 상가를 우선
> - 지상층은 목적성이 강한 업종을 우선으로 선택할 것
>   (매각 타이밍을 고려해야 하므로)
> - 최적의 가성비, 경매로 매입
> - 업종 분석을 통해 매출액, 임대료 유추
> - 대기업 임차인 적극 유치
> - 자신이 창업할 수 있는 콘텐츠 접목
> - 1년에 상가 2개 매입하는 것을 목표로 설정

경매로 월급 받는 꿈을 키우다

  2006년, 결혼하면서 강남에 전셋집을 구했다. 이유는 두 가지였다. 첫 번째 이유는 갓 결혼한 아내가 걸어서 출퇴근할 수 있을 만큼 직장이 가까워서였다. 나와 아내는 집에서 각각 정반대 방향에 직장이 있었는데 둘의 직장을 고려해 어정쩡한 위치에 신혼집을 얻느니 차라리 아내만이라도 편하게 출퇴근하는 게 낫다고 생각했다.

  강남에 살면서 한 가지 느낀 점은 사람들이 하루를 정말 일찍 시작한다는 점이었다. 다들 분주하게 새벽을 여는 모습을 보고 있으면 강남의 역동적인 에너지가 고스란히 전해지는 듯했다. 그래서인지 언젠가는 이곳에 전셋집이 아닌 내 집을 갖고 싶다는 생각을 자연스레 하게 되었다.

  두 번째 강남에서 결혼 생활을 시작한 이유는 돈의 흐름을 가장 잘 느낄 수 있는 곳이었기 때문이었다. 강남은 우리나라에서 가장 많은 자본이 움직이고 흐르는 곳이다. 나는 결혼 전부터 재테크에 관심이 많아서 주식에 투자하고 있었다.

처음 주식투자를 시작할 때는 입시생보다 열심히 공부했다. 열심히 한 덕분인지 적잖은 성과도 냈다. 성과를 내니 주식에 정신없이 빠져들었다. 그러던 어느 날, 숨이 멎을 것 같은 사건이 생겼다. 잘 오르던 주가가 서서히 하향 곡선을 그리더니 갑자기 모니터 상에서 그 종목이 사라지는 것이다. 눈 뜨고 코 베이는 상황이 눈앞에서 벌어졌다. 보통 주식이 사라진다는 것은 해당 종목이 상장폐지를 당할 때다. 주식을 하는 동안 등락이야 수시로 겪는다지만, 샀던 주식이 통째로 날아간 적은 처음이었다.

주식에 투자하고 있었지만 정작 나 자신은 어떤 종목에 투자하는지도 몰랐다. 한마디로 갈피를 잡지 못한 채 주식 투자에 빠져 있었다. 투자에 대한 자기만의 가치관도 확립하지 못한 채 닥치는 대로 주식투자를 하고 있었다. 이를테면 무언가를 투자하고 있다는 점에서 위안 아닌 위안을 얻고 있었던 셈이다.

돌이켜보면 나는 주식 투자와 잘 맞는 성향도 아니었던 것 같다. 장이 시작되는 순간부터 끝나는 시각까지 모니터 앞을 떠날 수가 없었다. 가슴을 졸이며 몰입했지만, 오히려 그것이 나를 힘들게 했다. 감정 기복도 심해졌다. 그래서인지 요즘 투자 광풍이 일고 있는 암호화폐(일명 가상화폐) 투자는 엄두도 못 낸다. 24시간 쉼 없이 돌아가는 투자 환경을 어찌 감당하랴 싶어서다.

어느 날은 하루 만에 500만 원을 벌기도 했으나 어느 날은 반나절 만에 300만 원을 잃기도 했다. 그렇게 번 돈은 실체가 아닌 신기루 같았다. 그래도 주식 투자에 대한 미련을 완전히 버리지는 못했다. 직장생활만으로는 미래가 불투명하다는 막연한 불안감 때문이었을 것이다.

그러던 어느 날, 인생의 전환을 맞는 일이 생겼다. 2007년 여름, 나와 아내는 해외의 한적한 휴양지로 휴가를 갔다. 둘 다 직장인이었던 터라 휴가 일정을 이리 붙이고 저리 붙여 가까스로 일주일을 만들었다. 어렵게 만든 시간이었기에 그동안 갖지 못하던 여유를 마음껏 누렸다. 할 수만 있다면 하루를 더 늘려 휴가를 즐기고 싶을 만큼 달콤한 시간이었다. 하지만 달콤한 시간은 흘러가고 귀국해야 할 날이 내일로 다가왔다.

내일이면 귀국한다는 생각에 아쉬운 마음을 달래며 휴양지에서 마지

보라카이 휴양지에서 아내와 단란한 한때.

막 저녁 시간을 리조트 방에서 보내고 있을 때였다. 객실 문을 두드리는 소리가 들렸다. 문을 열어 보니 해외에 나와 드라마 촬영을 하는 모 방송국 제작팀 스태프였다.

"혹시 엑스트라 하실래요?"

사연을 들어 보니 촬영에 필요한 엑스트라를 급하게 찾는다는 것이었다.

"어렵게 생각할 필요 없어요. 출연만 하시면 비행기 티켓, 숙소 비용뿐만 아니라 출연료까지 저희가 전부 제공할게요."

'우와! 이런 기회가 있다니!'

좋은 조건으로 여행지에서 하루를 더 보낼 솔깃한 기회였다. 게다가 숙박과 비행기 표까지 전부 공짜였다. 하지만 아쉽게도 나와 아내는 귀국하자마자 바로 출근해야 했다. 흥미로운 제안이었지만 거절할 수밖에 없었다. 우리 대신 누가 행운아가 되나 싶었는데 바로 옆방에 묵고 있던 젊은 부부가 흔쾌히 하겠다고 나섰다. 그들도 우리와 같은 날 귀국할 예정이었는데 하루나 이틀쯤은 더 묵어도 괜찮다는 것이었다. 나와 같은 직장인이라고 생각했기에 출근 일정을 어떻게 조정할 수 있는지 궁금했다.

"일에 지장은 없어요?"

"괜찮아요. 저희는 자영업을 하거든요."

"아, 그렇구나. 부럽네요."

숙소에 함께 있는 동안 스노클링도 함께 다니고 저녁에 술도 한잔하며 서로 편하게 대화를 나누던 사이였어도 그때까지는 서로 무슨 일을 하는지 묻지 않았다. 하지만 며칠 동안 같이 지내면서 나와 비슷한 나이였는데도 늘 여유 있는 듯 보여서 호기심이 생겼다. 게다가 자유롭게 휴가를 연장까지 하다니, 무슨 일을 하는지 내심 궁금했다.

"저기, 실례지만 무슨 일 하는지 여쭤 봐도 될까요?"

"부동산 쪽 일해요."

"부동산이요? 아, 그럼 공인중개사세요?"

부동산에 대한 지식이라곤 전혀 없던 내가 고작 생각할 수 있었던 직업은 공인중개사가 전부였다.

"직접 운영하시나 봐요. 젊은 나이에 정말 대단하시네요. 우린 직장인이라 더 있고 싶어도 출근 때문에 안 되는데."

우리 부부는 연신 부러워하며 그들의 행운을 축하했다. 그러자 그들은 가볍게 웃으며 자신들이 하는 일에 대해 말해주었다.

"사실 저희가 하는 일은 부동산 경매에요."

"경매……요?"

솔직히 당황스러웠다. 그들은 내가 상상조차 하지 못했던 일을 직업으로 삼고 있었다. 당시 내 지인들의 지인들까지 탈탈 털어도 경매를 직업으로 하는 사람은 없었다.

'아니, 경매? 경매라고? 그게 직업이 되나?'

이런 의문을 품을 정도로 당시 나는 경매에 무지했다. 게다가 부정적인 생각도 품고 있었다. '경매'라는 말만 들어도 '빨간 딱지, 빚, 피눈물' 이런 단어가 자동적으로 연상되었던 탓이었다. 드라마의 영향이라곤 해도 주변에 경매로 돈을 버는 사람이 없었기에 선입견이 더 컸던 것 같다. 그리고 그들의 이야기를 듣는 동안 내가 가졌던 생각은 지나친 편견이라는 것을 알게 되었다. 부동산과 경매라는 분야에 점점 호기심과 관심이 생겼다.

"저기, 저도 경매를 할 수 있을까요?"

"그럼요. 누구라도 배우면 할 수 있어요. 저희도 처음엔 전혀 몰랐는걸요."

그들은 서울과 수도권 주변의 다가구 주택을 경매로 낙찰받아 깨끗하게 수리한 후 다시 매각한다고 했다. 그 과정을 1년에 3~5채씩만 하면 대기업에 다니는 부장급 이상의 연봉 정도는 벌 수 있다고 말했다.

뒤통수를 한 대 얻어맞은 것 같았다. 나와 비슷한 또래여서 충격이 더 컸다. 그제야 그들의 여유가 어디에서 나온 것인지 이해가 되었다. 젊은 나이였지만 돈과 시간에 큰 구애를 받지 않는 바로 경제적 자유에서 비롯된 것이었다.

솔직히, 부럽지 않다면 거짓말이었다. 젊은 나이에 나와는 전혀 다른 길을 걷고 있는 것처럼 보였다. 그렇게 그들과의 만남을 계기로 '경매'에 대한 선입견을 깰 수 있었다.

'어쩌면 나도 이들처럼 살 수 있지 않을까?'

가슴이 두근거렸다. 부동산 경매가 내 인생의 경제 문제를 해결하는 실마리가 될지도 몰랐다. 그리고 이날부터 내 운명의 수레바퀴를 다른 방향으로 돌려 보기로 했다.

알짜상가로 시작했던
나의 첫 투자

　여행지에서 돌아오자마자 나는 아내와 함께 본격적으로 부동산 공부를 시작했다. 강남에 내 집을 마련하고 싶다는 꿈이 허황한 것만은 아니라는 생각이 들었다. 그리고 그 꿈은 현실이 될지 모른다는 소망으로 점점 키워졌다.
　인터넷 검색을 통해 회원 수도 많고, 활동이 왕성한 카페에도 가입했다. 서점에서 부동산 관련 책도 모조리 사서 읽고 유명하다는 강의도 수강했다. 처음에 나는 강의를 듣는 것에 반대했다. 6주 강의에 40만 원이라는 수강료가 다소 부담스러웠기 때문이었다. 하지만 우리 인생에 이런 기회가 또 오겠는가, 한번 해보자며 등록했다.
　나는 경매를 시작한 만큼 빨리 배우고 싶었다. 그래서 조급한 마음에 이론반과 실전반을 한꺼번에 신청했다. 하지만 시간이 흘러 돌이켜보니 부동산에 기초지식도 없었던 상태에서 너무 성급했고, 무모한 결정이었다. 그래도 의욕 하나는 넘쳐서 항상 강의실 맨 앞자리에 앉아서 열심히 들었다. 비록 처음 접하는 용어가 낯설고 어려웠지만 새롭게 배우는 분야여서 재미있기도 했다.

그 무렵 들었던 부동산 강의 중에 기억에 남는 것은 버드나무(강윤식_《365일 월세 받는 남자》의 저자) 님의 강의였다. 이분의 강의는 훗날 내게 큰 도움이 되었다. 주 1회 3시간짜리 강의였는데 수강료도 만만치 않았다. 1인당 60만 원이었다. 하지만 부동산 공부를 하면서 미래 가치에 투자하는 것을 더 이상 아까워하지 않기로 했다. 높은 수강료를 내는 강의에는 그만한 가치가 있다고 생각하고 더 집중해서 들었다. 훗날 내 재산이 되고, 투자에서도 수익을 낸다면 그 강의는 값을 매길 수 없을 것이다.

강의가 끝나면 수강생들은 강사와 함께하는 뒤풀이 시간이 있었다. 이때 강의시간에 궁금했던 개인 질문을 할 수 있었는데 실전에 필요한 내용이 주로 오갔다.

그런데 공부를 하면 할수록 나는 아파트보다는 상가에 관심이 갔다. 아마도 당시 내 직업의 영향 때문이었을까?

나는 제약회사에 근무하면서 의사를 만날 수 있었다. 병원장을 만나 대화를 나눌 기회가 많은 나는 의사들의 삶이 어떤 것인지 간접적으로 알게 되었다. 그리고 그들이 매달 지급하는 월세 금액도 알았다. 그 무렵 병원이 한 달 임대료로 지급하는 돈은 보통 300만~400만 원이었다.

'한 달에 300만~400만 원이면 일 년에 3600~4800만 원? 내 연봉보다도 높잖아!'

그 순간 솔직히 다달이 높은 월세를 내는 병원장보다 그런 월세를 받는 상가 주인이 부러웠다.

상가 임대 수입은 주택에 비교할 바가 아니었다. 게다가 어떤 상가를 소유하느냐에 따라 수입 범위가 천차만별이라니 나로서는 상가에 없던 관심도 절로 생길 판이었다. 상가에 관심을 두어야 할 확실한 동기 부여가 되고도 남았다.

한편으로는 이런 생각도 들었다.

'나라고 상가 주인이 되지 말라는 법은 없지. 상가에서 매달 정기적으로 수입이 들어온다면 그야말로 꼬박꼬박 월급을 받는 것이나 다름없네!'

상가 투자에 동기 부여가 되자 기름에 불이 붙듯 공부에 대한 열의가 확 타올랐다. 다시 한 번 입시를 준비하듯 부동산과 관련된 지식은 모조리 머릿속에 넣으려고 애썼다.

욕심과 의욕으로 공부는 어떻게든 해나갔다. 그러나 문제는 투자금이었다. 실탄 없는 총을 들고 전쟁터에 나갈 수는 없지 않은가. 실제 내 능력으로 동원할 수 있는 자금은 많지 않았다. 처음엔 반드시 경매만을 고집하겠다는 생각 없이 부동산 투자의 전반에 걸친 내용을 파악했고 그러면서 분양과 일반 매매도 같이 살펴보았다.

하지만 공부를 하면 할수록 내가 할 수 있는 투자, 즉 적은 금액으로 원하는 물건을 손에 넣는 투자 방법은 한 가지, 경매뿐이었다. 경매 공부를 하면서 만난 평범한 사람들의 성공담은 나도 해볼 만하겠다는 자신감을 북돋아 주었다. 더욱 큰 계기가 되었던 일은 같이 공부를 하던 사람들이 제법 좋아 보이는 상가를 하나둘 낙찰받은 '사건'이 일어나면서부터였다.

"우린 언제 상가 주인이 될까요?"

"먼저 하세요. 응원해 드릴게요."

강의가 끝나고 뒤풀이 자리에서 술 한 잔 나누는 시간, 우리는 상대를 서로 응원하며 지지했다. 서로 같은 처지임을 위안하다가 한 사람이 먼저 상가 주인이 되었다. 그러자 곧 나에게도 기회가 올 것이라는 예감이 들었다. 제대로 공부하고, 생각하는 것도 중요하지만 어떤 시기에 다다르면 행동에 옮기는 것도 공부 못지않게 중요하다는 것을 깨달았다.

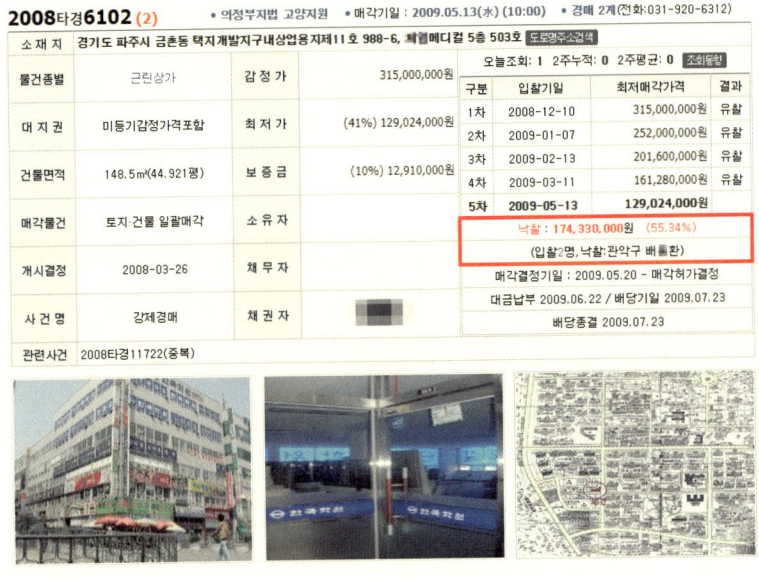

공동투자로 처음 낙찰받은 파주 상가의 경매 정보

낙찰받자마자 찾아가 본 눈높이대교 위치 / 상가 위치는 대단지 아파트의 구름다리를 건너서 첫 번째

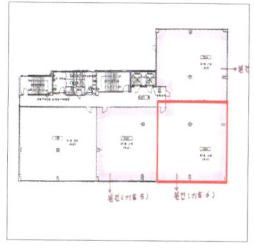
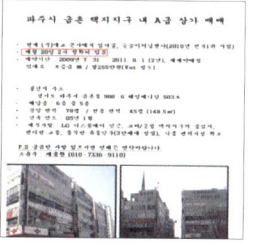
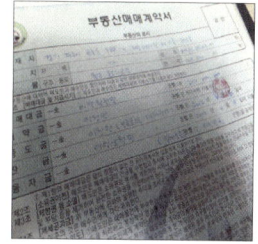

J 메디컬센터 5층 상가 배치도 / 상가 매물 전단지 / 상가 계약서

 생각이 여기에 미치자 바로 실행에 옮겼다. 가진 돈이 적었던 나는 함께 공부하는 세 사람과 공동투자를 하기로 했다. 우리는 규모는 작아도 수익이 알차게 나올 만한 상가를 찾아다녔다. 그러던 어느 날, 드디어 낙찰을 받았다. 함께 공부하던 세 명이 의기투합해서 찾은 물건이었다.

 경매 물건이 있던 지역은 파주 금촌동이었다. 건물 5층에 있는 148㎡(42평) 면적의 상가였다. 낙찰가는 1억 7433만 원이었다. 대출을 받고 1인당 2000만 원 정도 투자했기에 부담도 적었다. 공동투자의 장점은 리스크를 나눌 수 있다는 점이었다.

 운 좋게도 교육 사업으로 유명한 '대교'를 임차인으로 만났다. 보증금 2000만 원에 월 임대료 240만 원을 내는 조건이었다. 세 명이 나눠도 한 달 수익으로는 제법 괜찮은 금액이었다. 초보자가 처음 투자한 상가 투자치곤 정말 감사하게도 훌륭한 물건이었다. 공동투자로 참여한 멤버들 각자가 맡은 바 역할을 잘 해주어서 일이 순조롭게 진행되었다.

 그런데 2년이 지나자 새로운 고민거리가 생겼다. 상가의 명의를 내 이름으로 한 탓에 상가 관리 문제가 생기면 무조건 나한테 연락이 왔다. 비록 돈이 들어가는 일은 아니었지만, 시시콜콜한 문제를 해결하려다 보면 내 시간을 들여야 했다.

 게다가 2년쯤 시간이 지나자 상권에도 변화가 일었다. 상권 내 지상층의 공실률이 증가하는 것이었다. 동일 건물의 위 아래층 간에도 임대료 차이가 제법 난다는 것을 알게 되었으며 같은 5층인데도 우리 상가보다 임대료가 100만 원이나 낮게 나온 임대매물도 있다는 사실을 알게 되었다. 이런 변화를 기점으로 멤버들과 매도 시점을 두고 협의하여 양도차익 1억 원가량을 목표로 상가를 매각하기로 한 것이다. 때마침 조속히 매각되어 나의 첫 번째 상가 투자는 성공적으로 마침표를 찍었다.

 공동투자라는 시스템 자체가 수익이 나올 땐 좋지만, 책임을 져야 하는 일이 생기면 한 발을 빼고 싶은 게 사람 마음이다. 그러므로 처음 할 땐 믿을 만한 사람과 함께하는 것이 좋다. 하지만 부동산 투자는 되도록 혼자 도전하라고 권하고 싶다. 혼자 하면 모든 리스크를 짊어져야 한다는 생각에 더 열심히 공부하고 발품을 팔기 때문에 투자의 빠른 판단과 결정을 내리는 힘을 더 빨리 키울 수 있다.

강제 집행

국가 권력에 의해 강제로 그 의무이행을 실행하는 작용 및 절차로 낙찰받은 건물의 인도가 원활히 안될 시 신청 진행할 수 있다.

나의 첫 번째
상가 낙찰기

　상가에서 월급을 받는 꿈을 실현해준 상가 투자 인생의 첫 번째 물건은 경기도 1층 오피스텔 상가였다. 2009년 처음 온전히 내 힘으로 낙찰받은 물건이다. 시행사가 시공사에 공사비 대신 지급한 상가였는데, 시공사에서는 원금이라도 회수할 목적으로 경매를 신청한 것이었다.

　이때는 1층 상가를 갖고 싶다는 생각에 사로잡혀 있던 시기였다. 얼마나 의욕이 컸는지 안산이라는 지역을 잘 알지도 못하면서 입찰하였다. 그리고 경매로 나온 상가의 가격이 착하다(?)는 이유 하나만 보고 낙찰받았다.

　하지만 막상 낙찰받고 보니 임장 때 보이지 않던 점들이 눈에 들어왔다. 초보들이 흔히 저지르는 대표적인 실수, 미납관리비를 확인하지 않은 것이다.

　지금 생각해보면 미납관리비 여부를 확인하는 것은 너무나 당연한 일이다. 하지만 초보 투자자들에겐 너무나 당연한 일이 절대 당연하게 다가오지 않는다. 현장 조사를 가서 건물 관리소장을 만나보는 것은 필수 체크 사항이다. 주말보다는 평일에 방문하여 반드시 관리비 미납 여부를 확인하고 여의치 않은 경우에는 전화로 물어봐도 잘 알려준다.

다행히 미납관리비를 적절한 금액에 해결한 후 드디어 1층 상가의 주인으로 낙찰받은 상가를 찾아갔다. 직접 현장을 찾아가서 제대로 물건을 살펴보니 사무실인 것처럼 꾸며놓은 상가의 실상은 공실이었다.

그렇다고 아예 빈 사무실도 아니었다. 내부에는 금고와 같은 각종 집기로 가득 차 있었다. 이건 공실보다 더 나쁜 경우였다. 결국, 강제집행 바로 전 단계까지 가서야 협상이 되어 100만 원이라는 비용을 들인 후 비로소 온전히 내 소유가 되었다.

첫 상가가 공실이었기에 주변에선 걱정 어린 시선이 많았다. 그러나 이때 불안하지 않았다. 아니, 불안보다는 1층 상가 주인이라는 사실에 가슴 벅차오르는 설렘과 희열이 더 컸던 것 같다. 한동안 등기권리증을 머리맡에 두고 잠을 자곤 했으니 말이다. 그리고 이제부터는 주어진 조건 안

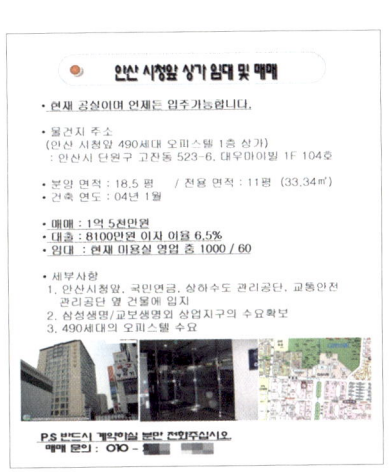

안산 상가 매물 전단

단독으로 입찰해 낙찰받은 1층 상가의 경매 정보

에서 내가 공부한 내용을 토대로 해결해 나간다면 무엇이든 다 가능할 것 같은 자신감이 생겼다.

공실 문제를 해결하기 위해 할 수 있는 모든 것을 다 시도했다. 전단, 팩스, 플래카드 광고, 신문광고 등…… 지금 하는 수많은 임대 홍보 방법은 이 물건에 대한 고민에서 비롯되었다고 해도 과언이 아니다.

평소 힘들 때 내가 자주 하는 말이 있다.

"지금 힘들다고 느낀다면 잘하고 있는 것이다."

그 무렵 나는 하루에도 이 말을 몇 번씩 되뇌며 버텼다. 잘 풀릴 것이라는 나 자신에게 주는 응원의 메시지이자 일종의 자기 최면 요법이었다.

임대료 협상, 어떻게 하는 게 좋을까?

임대료 10만 원의 차이는 1000만 원 이상 차이가 나는 매매가를 결정한다. 매매가를 결정하는 것은 수익률이기 때문이다. 이렇게 중요한 임대료를 책정할 때는 어떠한 방식으로 접근하는 것이 좋을까? 2년이 지나 재계약할 시점에서 기존에 받던 임대료보다 높인다고 했을 때,

"다음 달부터 보증금 5000만 원에 월 180만 원으로 올리겠습니다."

아무런 이유 없이 무턱대고 임대료를 올리는 것은 상대를 전혀 배려하지 않은 처사다. 이런 방법은 세련되지 못했다. 임대료를 올리려면 임차인이 생각할 수 있는 선택지를 제시하는 것이 중요하다. 가령 당신이 보증금 5000만 원에 월 150만 원 하는 상가를 보유하고 있다고 가정하자. 재계약을 하면서 임대료를 월 180만 원으로 올리고 싶다면 이렇게 말하는 것은 어떨까.

〈1안〉 이번에 15만 원, 1년 후 15만 원 올려주세요.
〈2안〉 6개월 후 10만 원 1년 후 20만 원 올려주세요.
〈3안〉 임대 기간을 4년으로 늘리되 임대료를 180만 원으로, 30만 원 정도 더 올리는 것은 어떻겠어요?"

협상에서 유리한 고지를 점하려면 제시할 수 있는 다양한 카드를 준비해야 한다. 그게 협상을 잘하는 방법이다. 이런 문제에서는 최선이 아닌 차선을 택할 수 있도록 임차인의 입장을 고려한다면 더 효율적인 방법으로 임대료를 협상할 수 있을 것이다.

그러나 금방 임대가 될 것이라는 생각은 착각이었다. 공실이 3개월쯤 되니 남들 다 겪는다는 공실 공포가 예외 없이 나에게도 찾아왔다. 그

러다 공실 8개월째가 돼서야 드디어 미용실로 임대되었다. 첫 번째 임대료를 받던 순간의 감격을 나는 지금도 생생하게 기억한다. 비록 초반에 고전했지만 한 번 임대가 되자 그 후로는 막힘없이 술술 풀렸다. 내가 하는 수고라고는 월세가 제때 들어왔는지 확인만 하면 되었다.

이 상가는 3년 후 3000만 원의 수익을 남겨주고 내 손을 떠났다. 하지만 돈으로 따질 수 없을 만큼 다양한 경험으로 공부하게 해주어 고맙게 생각한다. 열정이 전부였던 초보자에게 상가 임대와 매매의 전 과정을 가르쳐주었다. 내게는 산 교육장이나 다름없는 물건으로 기억에 남아 있다.

사람들에게 도움이 되고픈 상가 투자의 길라잡이

마음 졸이며 주가에 일희일비하는 시절은 끝나고, 본격적으로 부동산에 눈뜨기 시작하면서 많은 변화가 생겼다. 부동산 투자를 시작한 지 3년 정도 지난 후부터는 쫓기는 마음도 없어지고 목표한 수익률도 안정적으로 유지되었다. 물론 때때로 임대문제와 관리문제가 툭툭 불거졌지만 잠깐씩만 신경을 쓰면 충분히 내 선에서 해결할 수 있는 부분이었다. 몇몇 물건은 매입 후 2년여 기간 동안 공을 들여 상가 가치를 올린 후 적절한 때에 팔아 높은 매각 차익을 거두기도 했다. 드디어 나에게 딱 맞는 인생 투자 종목을 찾은 기분이 들었다. 스스로 즐기면서 할 수 있는 일이라면 최고의 직업과 다름없었다.

혼자 경매를 하면서 가장 어려웠던 때는 내가 선택한 물건에 확신이 서지 않을 때였다. 제대로 고른 것인지 알 수가 없었다. 투자자로서 자기 판단에 확신이 서지 않을 때 드는 답답함은 이루 말할 수 없다. 이

때의 불확실성에 대한 두려움을 잘 알기에 나중에 좀 더 공부하고, 현장 경험을 쌓으면 상가 투자를 하려는 사람들에게 길라잡이 역할을 하리라는 생각을 했다.

자신이 고른 물건이 투자할 만한 가치가 있는지, 문제가 있는데 자신이 놓치진 않았는지 누군가에게 의견을 구할 수 있다면 상가 투자를 시작하는 데 큰 도움이 될 것이다. 물건을 선별해서 고른 후 그와 관련해 궁금한 점을 누군가에게 물어보고 조언을 구할 수 있다면 얼마나 좋을까. 투자를 처음 하는 사람들에겐 단비와 같을 것이다. 길을 잃고 헤맬 때 나타나는 반가운 구조대 같을지도. 투자 초기의 답답함과 불안감을 겪었던 나로서는 누구보다도 그 고충을 잘 안다. 그래서 역량만 된다면 적어도 내 기준에서의 투자 노하우를 공유하고 어떤 물건이 투자하기 좋은지 선별하는 방법을 공유하고 싶다. 이런 이야기를 했더니 누군가 이렇게 반문한다.

"에이, 도와준다고 말은 그렇게 해도, 마음은 그렇지 않겠지요. 실제로 좋은 물건을 보면 자기가 갖고 싶지 않을까요? 그걸 누구한테 알려주고 싶겠어요?"

물론 그 사람이 왜 그런 말을 하는지 나도 잘 안다. 좋은 상가가 나오면 나만 알고 싶을 때가 있다. 그건 누구나 마찬가지일 것이다. 하지만 투자를 시작한 후 내가 깨달은 점이 있다.

'세상에 상가는 많고, 그 상가의 주인은 이미 정해져 있다. 내 것이 아닌 물건은 내가 아무리 용을 써도 내게 오지 않는다.'

농담처럼 들릴지 모르지만 실제로 그러했다.

그리고 세상에 상가는 많지만 그걸 수용할 수 있는 재화는 한정되어 있다. 모든 상가가 다 내 것이 될 수 없다. 다시 말해 누구나 알토란같은 상가의 주인이 될 기회는 얼마든지 열려 있다는 것이다.

현장에서 많은 경험을 쌓다 보면 상가를 보는 안목이 점점 높아진다. 그러다 보면 어느 순간 더 많은 수익, 더 많은 상가를 가지고 싶다는 욕심이 생긴다. 나도 한때는 지나친 욕심에 무리하게 자금을 융통해서 투자한 적도 있다. 하지만 실패와 성공을 거듭하면서 투자에 균형 감각을 익히고, 마음 편한 투자를 해야 오랫동안 투자할 수 있음도 알았다. 한편으로는 주변에 잘나가던 사람이 지나친 욕심을 부리다가 한순간에 무너지는 것을 숱하게 보면서 과욕을 늘 경계해 왔다.

또 한 가지 덧붙이면 길라잡이의 역할이 좋은 물건을 공유하는 데에만 그치지는 않아야 한다고 생각한다. 많은 초보 투자자가 처음 투자할 때 막연한 두려움과 답답함을 느낀다. 이러한 점을 해소할 온·오프라인 창구가 필요하다면 내가 기꺼이 그 창구가 되어줄 생각이다.

임대하고자 하는 점포에 어떤 업종을 들일 것인지 생각하다 보면 혼자서만 고군분투해서는 결코 성공할 수 없다는 것을 깨닫게 된다. 그래서 투자를 할수록 더 많은 사람과 네트워크를 만들어 나갔고 다른 분야에서 내로라하는 성과를 내는 이들을 찾아다녔다. 그런 교류 속에서 상가를 통해 목표 수익을 올릴수록 더 겸손해야 한다는 걸 알았다.

그렇게 몇 년 동안 나만의 원칙을 가지고 투자를 하면서 투자 경험뿐만 아니라 삶을 어떻게 살아가야 하는지도 함께 배우고 있다.

 칼럼 | 서울휘의 알짜상가 이야기

상가 투자, 공실은 필연이다

상가 투자를 꺼리는 이들의 공통점 중 하나는 공실에 대한 두려움이다. 영화 '마션'(The Martian)에 이런 대사가 나온다.
"문제는 항상 터지기 마련이다." 결론부터 말하자면 공실은 피할 수 없고 공실 문제는 생길 수밖에 없다.

나도 예전에 10개월 가까이 공실인 상태로 버텨본 적이 있어서 그 마음고생이 얼마나 심한지 잘 알고 있다. 선배 투자자들이 공실 3개월이면 자다가도 새벽 3시만 되면 벌떡 일어난다고 했는데 정말로 그 말을 절감했다. 오죽하면 흰 머리까지 생겼으니 말이다. 그러다 임차인을 만나 임대료를 잘 받고 1년 후에 좋은 가격으로 매각하면서 그간의 고생이 한 방에 날아갔다. 그때 느낀 것은 언젠가는 공실이 나가니 전전긍긍하며 속을 끓일 필요가 없다는 것이었다.

상가로 투자를 시작했다고 해서 꽃길만 걸을 수는 없다. 인생의 모든 일이 그렇듯 좋은 일 나쁜 일은 번갈아 가며 온다. 자신이 배를 진두지휘하는 선장이라고 생각해보자. 폭풍우가 몰아치는 때가 있으면 호수처럼 잔잔한 때도 있다. 파도가 날뛰는 날도 있겠지만, 파도만이 바다의 전부는 아니다. 마찬가지로 투자에도 위험 요소만 있는 것은 아니다. 크게 욕심내지 말고 위기가 왔더라도 어떻게 해결책을 만들어 나갈지 생각하면 리스크는 피할 수 있다.

상가에서 공실을 만나면 가장 먼저 할 일이 관리소장과 만나는 일이다. 의외로 아무것도 아닌 것 같지만, 그 상가를 가장 잘 파악하고 있는 사람이 관리소장이기 때문이다. 나도 공실이 났을 때 관리소장을 찾아갔더니 마침 상가를 찾는 이가 있다며 의외의 연결을 해주었다. 평소 자기 물건에 대한 상황을 공유하면서 관리소장과 친분을 유지하는 것이 때로는 도움이 된다.

다음으로는 현재 공실인 자신의 상가에 넣고 싶은 업종이 있다면, 인근에서 1등으로 장사를 잘하는 동일 업종 가게를 찾아가 이야기를 해 본다. 그분들은 관련 업종 인맥이 많아 임차인을 추천해 주기도 한다. 이런 수단적인 방법 외에도 공실을 극복하려는 의욕이 중요하다. 자신을 들들 복을 필요도 없지만, 제삼자가 해결해 주겠지 하고 가만히 있기만 해서도 안 된다. 주변에 정말로 공실에 신경 쓰지 않고 가만히 놔두는 경우를 보았는데 실제로 모태 공실이 평생 공실로 굳어지기도 했다.

공실은 부끄러운 것이 아니다. 무엇보다 홍보가 중요한데 전면 유리창이나 입구 출입문에 임대 플래카드나 연락처라도 남겨 놓아야 한다. 내 상가가 필요한 임차인에게 노출되기 위해서는 일단 가장 많은 사람에게 노출되어야 그 확률이 올라간다.

전면 유리창에 대형 현수막을 거는 경우, 당연히 사람들이 잘 다니는 곳에 걸어두는 곳이 좋다고 생각하겠지만 이런 현수막은 공인중개사 쪽에서 좋아하지 않는다. 공인중개사 없이 개인 간 거래가 성립될 수 있기 때문이다. 공인중개사만 믿고 있을 수도 없지만 그들의 도움도 분명히 받아야 한다. 그러므로 적어도 분쟁을 줄이기 위해서는 절대로 특정 공인중개사의 전화번호를 게재해서는 안 된다.

임대 전단을 배포하는 것도 하나의 방법이다. 부동산에 들어가 일일이 물건 정보를 나눌 수도 있지만, 한두 군데의 부동산에만 내놓아서 될 일이 아니다. 그래서 나는 반경 20km 안에 있는 부동산마다 임대 전단을 전부 배포하고 더 먼 거리의 부동산은 인터넷에서 지도를 보고 전화를 건 후 인터넷 팩스로 보냈다. 그러면 기대하지 않았던 부동산에서 연락이 오기도 한다.

한번은 병원 유치를 위해 DM 발송을 한 적도 있다. 신도시가 형성될 때는 이미 병원 등이 세팅되어 들어오는 경우가 많기 때문에 병원을 유치하기가 쉽지 않다. 하지만 뜻이 있는 곳에 길이 있다고 병원 유치를 하겠다고 마음을 먹고 정성껏 안내문을 만들었다. 그리고 반경 30km 거리에 있는 병원에 DM 발송을 했다.

DM 발송을 할 때 내가 지키는 원칙 중 하나는 겉봉투는 반드시 손 글씨로 쓴다는 것이다. 인쇄된 내용은 광고라고 생각하고 바로 휴지통으로 갈 확률

상가 투자자에게 공실은 피할 수 없는 위험부담이다.

이 높기 때문이다. 발송할 때 큰 효과를 기대하지는 않았는데 의외로 여러 곳에서 전화가 왔다. 지금의 병원 자리에서 인근으로 옮기려는 병원들이 꽤 있었다.

또 한 번은 상가를 낙찰받았는데 그 건물에서 내 상가만 공실이었다. 그래서 동일 건물 내 모든 상가에 DM을 발송한 적이 있었다. 그런데 이때도 뜻하지 않게 여러 곳으로부터 전화를 받았다. 특히 후면상가에 있는 곳이거나 현재 임대한 곳이 좁아서 장소 이동을 원하는 경우가 많았다.

거리 현수막을 게재한 적도 있었다. 보통 사거리에서 신호등을 기다리면서 코너마다 여러 개 걸린 플래카드를 보았을 것이다. 약 10만 원으로 한 달 동안 광고를 할 수 있는데 시청에서 관리한다. 현수막을 거는 위치만큼은 정말 좋지만 정작 관심 있는 사람이 아니면 잘 보지 않기 때문에 그다지 큰 효과를 보지는 못했다. 단, 시청에서 관리하는 것 외엔 장소에 따라 불법인 경우가 있으니 잘 알아보길 권한다.

임차인이 들어오기 힘든 곳이라면 차라리 물건을 보관할 수 있는 공간으로 임대하는 것도 나쁘지 않다. 공실이 생기면 시간과의 싸움이기 때문에 상가를 그냥 비워두는 것보다 보관 장소로 이용하는 것도 하나의 방법이다.

아직도 나는 공실 상가에 가위를 걸어둔다. 남들은 미신이라고 하지만 공실이 나가기만 한다면 무엇인들 못 하겠는가. 시간이 흘러 해결된 것인지는 몰라도 항상 가위를 걸어둔 공실 상가는 신기하게도 임차인이 들어왔다. 가위가 공실의 끈을 끊었는지도 모르겠다.

많은 방법으로 공실의 공포를 벗어나 봤지만 내가 내린 결론은 이렇다. 상가 투자에서 공실은 필연이다. 공실을 피하려는 바람은 요행이지만 자기의 노력으로 충분히 요행을 만들어 낼 수 있다.

 **서울휘의 알짜상가 | 투자 사례 1**

㈜대교(155.1㎡)

이 물건은 2012년 4월부터 ㈜대교가 입주하여 운영하고 있었다. 5000세대를 아우르는 아파트 단지의 주 동선에 끼고 구도심 상권 내에 있었다. 건물 내에 출입하는 통로는 한 개뿐. 하지만 1층에 농협이 입점해 있어서 건물의 인지도가 높았다. 또 다른 특징이라면 주변에 학원 거리가 형성되어 있다는

남양주 ㈜대교 매입 명세

남양주 ㈜대교				매입 방법 : 경매			
초기 비용				매각 수익(단순계산)			
감정가	430,000,000	보증금	65,000,000	매도가	500,000,000	보증금	65,000,000
낙찰가	368,888,800	월세	2,250,000	매각 차익	114,142,315	월세	2,450,000
취득세	16,968,885	월 이자	983,703	총 월세 차익	35,456,303	월 이자	983,703
대출금	295,111,040	월세 차익	1,266,297			월세 차익	21,466,297
총 매입액	385,857,685						
실투자금	25,746,285	수익률	8%	총 수익	149,598,618	보유 기간	28개월

물건의 장점:
① 아파트 주 동선에 위치.
② 대기업 임차인 입점.
③ 1층에 농협이 입점하여 건물의 인지도 높음.

리스크:
① 재개발로 인한 건물 멸실과 거래 공백 우려.
② 메인 상권에 위치하지 않아 자칫 흐르는 입지로 전락할 가능성 있음.
③ 관리비가 평당 8000원으로 높음.

해결 방안:
① 우량 임차인 유치로 경쟁력 강화.
② 매입 후 재계약 이후 매각 결정.

점이었다. 그런데 안을 들여다보면 앞쪽 45평은 대교, 뒤쪽 15평은 영어학원이 들어와 있었다.

투자하는 데 다소 걸리는 점이 있다면 향후 재개발로 인한 건물 멸실과 그에 따른 공백이 우려되었다. 중심 상권에 있지 않아 자칫 흐르는 입지로 전락할 가능성도 컸다.

하지만 대기업 임차인을 둔 만큼 우량 임차인을 유치하면 리스크를 상쇄할 수 있으리라 기대했다. 매입하고서 재계약을 거친 후 매각하는 것으로 결정하고 투자했다.

낙찰 후 세팅 임차인 현황

매입한 후 대교는 보증금 5000만 원에 월 150만 원, 영어학원은 보증금 1500만 원에 월 75만 원으로 임차인과 계약했다. 2년이 지난 후 재계약할 때 대교는 보증금 5000만 원에 월 165만 원, 영어학원은 보증금 1500만 원에 월 80만 원으로 인상했다.

하지만 이 물건은 재계약을 한 후 신문에 매각 광고를 냈다. 일주일 만에 5억 원에 매각에 성공. 이로써 1억 3000만 원이라는 차익 실현을 올릴 수 있었다.

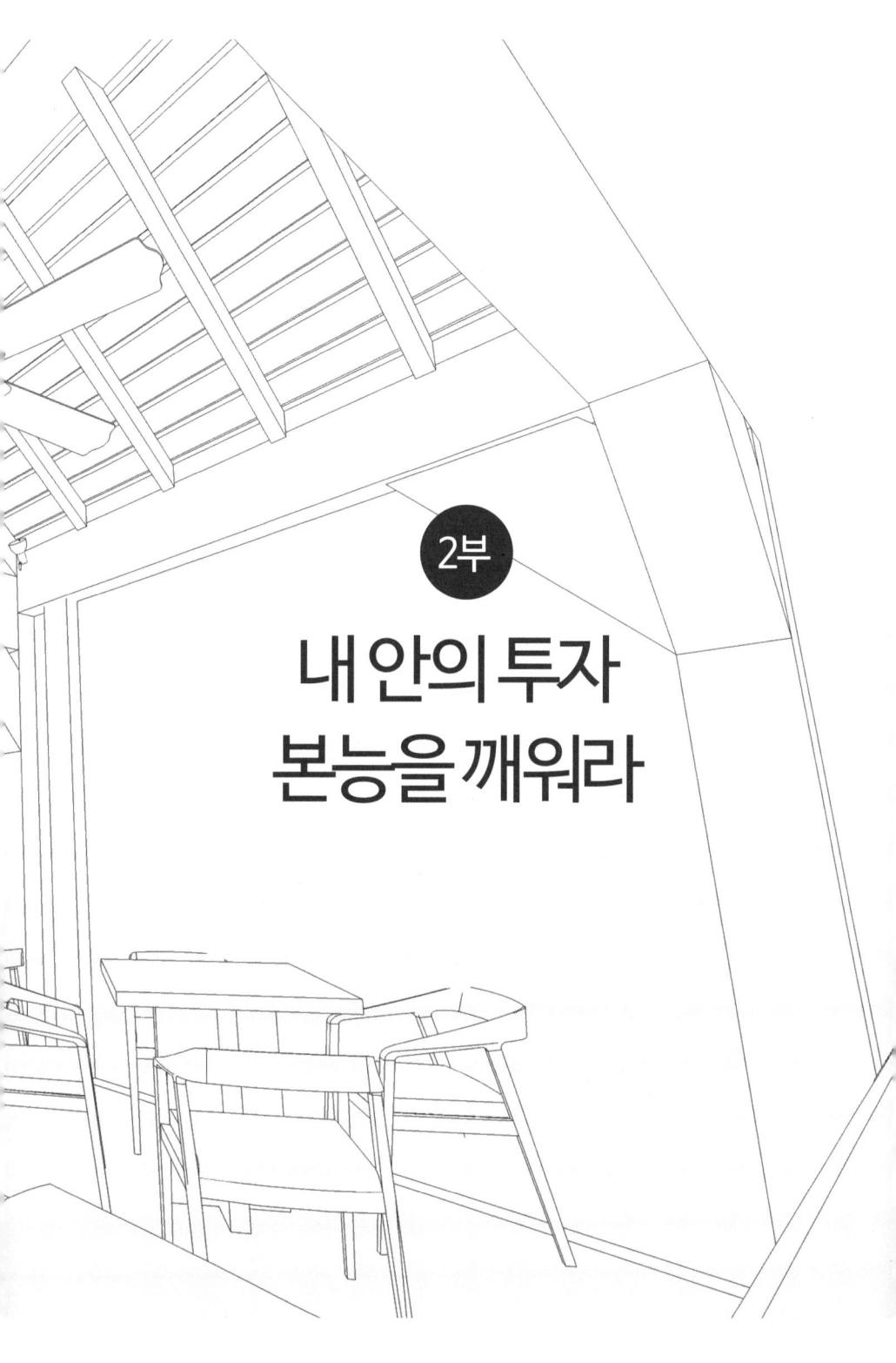

2부

내 안의 투자 본능을 깨워라

나에게 맞는 알짜상가
어떻게 고를까?

최근에 부동산 투자서를 읽다가 기이한 투자 방법을 접했다. 그 책의 저자는 수도권에 여러 채의 빌라와 지방의 소형 아파트에 투자한 내용을 소개하였다. 그가 쓴 책에 따르면 저자는 이자를 제외하고 5~10만 원을 남길 수 있으면 50채든 100채든 매입한다고 한다.

나로서는 이러한 투자 패턴을 선뜻 받아들이기 힘들었다. 50채, 100채의 집이라니……. 우선 관리하기가 쉽지 않을 게 분명했다. 왜 부자들이 그런 투자를 하지 않는지를 생각해보면 답이 금방 나올 것이다.

'가지 많은 나무 바람 잘 날 없다.'

이 속담은 투자의 세계에도 적용된다. 소유한 부동산이 많으면 임차인도 많을 터. 어떤 부동산이든 크고 작은 문제가 생기기 마련이다. 문제가 생기면 임차인들은 주인부터 찾는다. 쉼 없이 걸려오는 임차인의 하소연을 들어주어야 한다. 임차인들의 하소연을 들어주다 보면 내 업무는 뒷전이고, 내 생활 리듬도 엉망이 된다.

투자자마다 자신에게 맞는 투자 종목이 있게 마련이다. 자기가 가장 성과를 잘 낼 수 있는 종목을 찾아서 1년만 집중하여 직접 해보면 '감(感)'이 생긴다.

내 경험을 이야기하자면 나는 상가를 경매로 매입한다. 주로 권리금이 형성된 상권의 점포, 지상층의 병원, 대기업 임차인이 들어와 있는 상가를 낙찰받는다. 이런 방식으로 임대료 200~300만 원 정도 나오는 상가를 5개 정도 관리한다. 내게는 이 정도가 가장 이상적인 투자 패턴이다. 관리하는 데도 무리가 없고, 크게 신경 쓸 일도 없다. 내가 임대업을 하고 있다는 것도 잊어버릴 정도다. 남에게 구차한 소리를 하고 싶지 않거니와 모진 소리도 잘 못 하는 내 성격과도 잘 맞는다. 한마디로 상가 투자는 처음과 끝만 좀 신경 쓰일 뿐, 그 과정은 깔끔한 편이다.

임차인의 관점으로 알짜상가 접근하기

서울휘의 콕 집어주는 센스 TIP

상가의 매입을 검토할 때 임대인이 점검하는 포인트와 임차인이 점검하는 포인트는 다를 수 있다. 임차인이 보는 부분을 자세히 살펴야 적정 업종을 쉽게 유치하고 매출을 예측할 수 있다. 임차인은 상권의 가치가 상승하는 곳인지 하락하는 곳인지도 따지는 경우가 많다. 그 상권의 현재 위상은 최근 3년 동안 권리금의 변화, 임대료의 변화, 렌트프리 기간의 변화를 따라가 보면 유추할 수 있다. 내 상가에 어떤 업종을 유치하느냐가 나중에 매각 수익률에 결정적인 영향을 미치므로 매입 단계부터 임차인 시각에서 자기 상가에 적합한 업종을 분석할 수 있어야 한다.

소수의 수익률 좋은 물건을 안정적으로 관리하는 데에는 그만큼 노력이 뒤따라야 한다. 그런 물건은 처음 선별하는 것이 가장 중요한데, 평소에 권리금이 꾸준히 상승하는 지역이 어디인지, 상가 주변으로 새로운 상권이 생기기 어려운 지역은 어디인지 잘 감지해야 한다. 노후를 대비할 수 있는 특정 물건으로 어떤 것이 좋을지 지속해서 투자 감각의 날을 세워야 한다.

자신의 경험을 살릴 수 있는 상가를 골라야

  다양한 물건을 접하다가 모처럼 눈에 들어오는 물건을 만났다. 이때부터 실제로 자신이 '투자할 것인가, 말 것인가?'를 고민해야 한다. 투자자라면 누구나 공감할 이야기지만 물건에 대한 확신이 있더라도 낙찰 이후에 살펴보면 그 전에 보지 못했던 부분이 보이기 마련이다.

  좋은 물건을 고르는 일은 상가 투자에서 가장 기본이 되는 부분이므로 정말 신중히 해야 한다. 물건을 선택하는 기준은 사람마다 다 다를 것이다. 하지만 단순히 수익률만 보고 투자하기보다 자신의 조건과 역량을 발휘할 물건을 선택한다면 실수할 확률을 줄일 수 있다. 투자 물건을 선정할 때 자신의 성향을 먼저 파악한 후 투자한다면 성공 확률을 높일 수 있다. 과거에 종사했던 분야나 자신과 친숙한 상권부터 살펴나가면 상가 투자에 좀 더 쉽게 접근할 수 있을 것이다.

  나는 제약회사에 다녔던 경험을 살려 경매로 나온 병원에 집중적으로 투자했다. 병원의 진료과별 특성이나 환자 및 약국과의 관계를 일반인들보다는 잘 알고 있었기에 이런 투자 방식이 좋은 성과로 이어졌음은 물론이다.

가령 유명브랜드의 학원이 경매로 나왔다고 하자. 이 학원에 입찰한다면 낙찰가를 얼마를 써야 할까? 사람들은 이 학원의 가치를 가늠하고 수익률을 계산할 것이다. 사람마다 이 물건의 가치를 다 다르게 생각하겠으나 학원을 운영한 경험이 있는 사람은 이 학원의 수익률을 계산하기 전에 먼저 학원의 위치와 원장의 경영 스타일부터 확인할 것이다. 그런 다음에 그 자리가 학원이 될 자리인지, 안 될 자리인지부터 살펴볼 것이다. 여러 경로의 정보를 통해 만약 되는 자리라고 판단된다면 남들보다 높은 낙찰가도 마다하지 않을 것이다.

예전에 태권도학원을 운영하던 사람이 있었는데 경매에도 관심이 많았다. 그는 태권도학원이 경매로 나오자 임대료, 권리금, 매출 규모를 다른 사람들보다 구체적으로 파악해냈다. 그는 원생 1명당 형성된 권리금이 얼마인지도 잘 알고 있었고 그 시장의 독특한 생리를 잘 알고 있어서 공격적인 입찰가를 써냈음은 물론이다. 당연히 태권도학원의 낙찰자는 그분이었다. 이렇듯 자신만의 전문 분야를 잘 구축해 놓으면 낙찰받을 확률은 올라간다.

카페나 식당을 운영했던 경험이 있다면 경험이 없는 사람보다 업종과 관련해서는 우위에 있을 수밖에 없다. 그는 일반인이 보지 못하는 세세한 부분들까지 볼 것이다. 실제 영업을 해야 하는 실수요자의 입장이 되어서 바라보는 상가는 투자자가 보지 못하는 사각지대까지도 훤

하게 꿰뚫어 볼 확률이 높다.

　프랜차이즈 회사에 오래 다녔던 사람은 동종 업계의 경험을 살려 상권을 빠르게 이해한다. 어떤 업종을 그 상가에 유치하면 좋을지를 다년간의 경험으로 알아낸다. 하지만 이런 경험이 없다고 너무 걱정할 필요는 없다. 우리가 평소 자주 이용하는 상가부터 눈여겨보면서 매출액을 예상해보는 것도 상권을 이해하는 데 도움이 된다. 상가의 임대료와 매매가가 궁금하다면 망설이지 말고 부동산중개소에 들어가서 시세를 확인해보는 습관도 하나의 시작이 될 수 있을 것이다.

　투자 물건의 적정 임대료 현황, 상권의 특성, 영업 일수, 주 동선, 인근의 공실 유무, 3년 내 해당 건물의 변화 등을 역추적하는 것을 반복하다 보면 상권분석뿐만 아니라 해당 업종에 대한 방대한 지식도 축적될 것이다. 상권에서 벌어지는 과거와 현재의 현상을 정확히 알고 있다는 것만으로 투자를 결정하는 데 큰 도움이 된다.

　최근엔 빅데이터를 활용한 투자와 창업이 점차 많아지고 있다. 빅테이터도 잘 활용하면 창업하려는 업종의 매출액을 좀 더 정확하게 예상

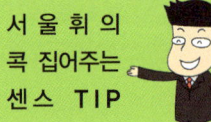
서울휘의 콕 집어주는 센스 TIP

직관적인 상권분석의 방법

1. 상가중개를 가장 많이 하는 중개사를 활용
2. 권리금으로 A, B, C급/임대료로 A, B, C급 라인을 분석
3. 유명 프랜차이즈의 입점 위치를 체크하라
4. 핵심 동선을 파악하라

할 수 있을 뿐만 아니라 상권의 변화를 과학적으로 풀어낼 수 있다. 빅데이터를 분석하여 상권 정보를 제공하는 '나이스 비즈 맵'이라는 사이트도 잘 활용하면 상권의 흐름을 파악하는 데 도움이 된다.

변화하는 투자 환경에 맞춰 남들보다 앞서 경제 흐름에 관심을 기울인다면 상가 투자의 길은 더 밝게 열릴 것이다.

또한, 이렇게 쌓인 경험을 하나씩 구축해 나가면서 자기만의 '투자 시스템'을 만들면 점점 많은 시간과 노력을 투입하지 않고도 꾸준한 성과를 낼 수 있다.

알짜상가 매입 순서의
첫 번째는 경공매로

돈이 적을수록 경매로 투자 경험을 쌓아라

　상가를 매입하는 방법에는 세 가지가 있다. 첫 번째는 경·공매, 두 번째는 일반 매매, 세 번째는 분양을 통해서다. 먼저 경·공매부터 살펴보자. 투자할 때 공매와 경매를 굳이 따로 구분하진 않지만, 입찰방법이나 과정이 조금씩은 다르다는 것을 짚고 넘어가자.

　공매는 나라에서 세금을 추징했는데 안 됐을 경우 그 재산을 공매로 넣어서 세금을 환수하는 방법으로 온비드라는 사이트에서 입찰이 가능하다. 경매는 은행이나 개인 간의 채무 문제에서 그것을 상환하지 않았을 경우 경매라는 절차로 채권을 회수하는 방법으로 해당 법원에 직접 가서 입찰에 참여해야 한다. 방침도 약간 다른데 낙찰 이후 명도 과정에 있어서 반면 경매는 인도명령을 통해서 낙찰 이후에 간단한 서식만 법원에 제출하면 인도명령을 인용 받아 강제 집행을 할 수 있는 권원이 생긴다. 인도명령이란 법원에서 절차를 간소화해서 점유자를 퇴거 조치하는 것을 말한다.

부동산인도명령신청서

사건번호 : 2009타경12345
주소 : 경기도 화성시 기안동
(구 주소 : 경기도 화성시 태안읍 기안리   )

신청인(매수인) : 최○○(811010-200000), Tel : 010-1234-5678
주소 : 서울시 서초구 서초동

피신청인 : 서○○(590323-2345678), Tel : 010-1234-5670
주소 : 경기도 용인시 기흥구 지곡동

※ **첨부서류**
1. 준비서면
2. 매각물건명세서
3. 감정평가서
4. 매각대금완납증명원
5. 등기부등본
6. 전 소유자 전○○ 인도명령 인용 사본
7. 전 임차인 계약서(전○○)
8. 새 임차인 계약서(한○○)
9. 서○○가 보낸 내용증명서

부동산 인도명령 신청서의 양식

반면에 공매는 인도명령 절차가 없고, 기존 점유자를 내보내는데 협상이 잘 안된다면 명도 소송을 통해서만 퇴거 조치할 수 있다. 경매의 진행 과정이 3~4개월 정도 걸려 마무리된다면, 공매는 7~8개월 이상이 걸릴 수도 있기 때문에 이 점은 자칫 투자의 걸림돌이 될 수 있다. 그러나 경매나 공매는 각각 해결되는 데 걸리는 소요시간만 조금 다르지 둘 다 시간이 지나면 해결되는 문제이기 때문에 따로 구분하여 투자하지는 않는다.

다음으로 상가를 매입하는 두 번째 방법인 일반 매매는 공인중개소에 나와 있는 상가매물을 매입하거나 신문이나 인터넷, 다른 매체의 광고를 통해 접한 매물을 직접 매입하는 방식이다. 대부분의 일반 매매는 임차인이 구해진 상태에서 거래되는 경우가 일반적이다. 그래서 수익률보다는 안정성에 초점이 맞춰져 있다고 볼 수 있다.

상가 투자에서 일반 매매는 가장 흔하게 이루어지는 거래다. 한마디로 시세대로 매입하는 것이다. 경매로 낙찰받은 물건을 공인중개사를 통해 임대사업자에게 일반 매매로 거래하는 경우가 많다. 그러므로 평소 일반 매매 시장도 잘 관찰하며 향후 몇 %의 수익률을 제시하여 매도할 수 있을지를 잘 모니터링 해두자.

마지막 세 번째로 상가를 매입하는 방법은 상가를 분양받는 것이다. 분양이란 토지나 건물을 지어서 최초로 여러 사람에게 나누어 주는 것으로 등기 분양과 임대 분양으로 나누어진다. 등기 분양은 토지와 건물에 대한 소유권이 자기에게 넘어오는 일반적인 분양 방식으로 권리확보 면에서 안전하다. 하지만 개별점포주 간의 의견일치가 어렵고 임차인 유치를 직접 해야 한다.

　이와는 달리 임대 분양은 상가에 대해 소유권을 넘겨받는 것이 아니라 사용권을 분양받는 방식이다. 보증금을 주고 임대차 계약 기간에 사용할 수 있는 임대권리를 말한다. 대표적으로 대형 쇼핑몰이나 스트리트형 복합 상가가 임대 분양의 방식을 띠고 있다.

　일반인들은 상가에 투자할 때 분양, 일반 매매, 경매 순으로 진입하는 것을 정석으로 여긴다. 상가 투자는 분양으로 시작한다고 보는 것이다. 하지만 나는 이 순서를 거꾸로 하여 상가 투자를 할 것을 추천한다. 즉, 경매로 상가를 싸게 사서 일반 매매 시장을 경험한 후 분양으로 상가를 매입하는 과정이 가장 이상적으로 보기 때문이다.

알짜상가 매입 순서
경매 ➡ 일반매매 ➡ 분양

　상가를 매입할 수 있는 세 가지 방법은 달리 말하면 세 단계라고도 말할 수 있고 그 단계를 하나씩 경험하면서 배워나가는 것이 합리적이라고 생각한다. 초보 투자자가 처음부터 분양이나 일반 매매부터 시작하면 실수할 확률이 높기 때문이다.

　분양은 분양 상담사 말만 듣고 사는 경우가 많은데 한 번 가서 모델하우스만 둘러보자고 가볍게 생각하고 방문하더라도 대부분은 그들의 화려한 언변에 계획에 없던 결정을 하기도 한다. 그들이 거짓된 정보를 제공해서가 아니다. 분양가 자체가 주변 시세와 비교해 높게 책정되는 경우가 많고 시간이 지나며 가치가 서서히 오르는 입지의 물건과 그렇지 않은 물건을 초보 투자자들은 분별해 내기가 쉽지 않다.

일반 매매 또한 공인중개사를 찾아가거나 발품을 팔아 그 지역에서 정보를 구해야 하는데 이때도 마찬가지로 여러 가지 난관에 부딪힌다. 대개 중개를 할 때 물건의 좋은 점만 먼저 부각하게 되므로 어떤 물건이 좋은 물건인지 초보자에겐 쉽게 판단이 서지 않는다. 자신이 얻은 단편적인 정보가 있다 해도 향후 시장에서 호재가 될지 악재로 변할지 현 시장과 연동해서 파악하기는 어렵기 때문이다. 게다가 중개소에 있

> **서울휘의 콕 집어주는 센스 TIP**
>
> ### 낙찰에 실패해도 기회는 아직 있다
>
> 채권에 의한 단순한 경매 진행을 하는 임의경매를 할 때는 주의할 점이 있다. 경매를 통해 낙찰받았더라도 잔금을 다 내기 전까지는 내 물건이 아니라는 점이다. 채권 범위가 낙찰가 범위 내에 있는 경매 물건이라면 누구든지 채권 금액을 정리하고 일반 매매로 매입할 수 있다. 먼저 돈을 낸 사람이 임자라는 뜻이다. 예를 들어, 낙찰가 21억 원에 경매원인이 되었던 채권 금액이 8억 원인 물건이었다고 하자. 이때 물건을 낙찰받지 못한 사람 중에서 8억 원을 즉시 현금으로 변제할 사람이 있을 수 있다. 이 경우 일반 매매로 낙찰자보다 먼저 채무자의 채권을 변제하여 매입을 하게 된다면 물건의 주인은 낙찰자가 아니라 채무를 변제한 이가 될 것이다. 실제로 1등 낙찰자가 아닌 2등 입찰자가 매각허가 결정기일 전에 채무자의 채무를 변제하고 일반 매매로 물건을 매입하여 물건의 주인이 된 경우도 많다. 반대로 생각하면 꼭 낙찰받아야 할 물건인데 낙찰에 실패했을 때 기회가 아예 없는 것은 아니라는 것을 기억해두자.

는 알짜 물건은 이미 다 팔려나갔을 것이고 당신이 만나게 되는 물건은 그렇게 팔다가 남은 물건일 확률이 높다. 상가에 투자할 때 경매로 시작해야 하는 이유는 적은 금액으로 투자하여 경험을 쌓아나가기가 쉬워서다. 나 역시 26개의 상가에 투자하기까지 경매가 없었다면 결코 투자 경험을 쌓을 수도, 수익을 내지도 못했을 것이다.

경매를 통한
상가 매입의 장점

경락자금 대출을 활용하라

　그렇다면 경매로 상가를 매입하면 어떤 이점이 있을까? 먼저 경락자금 대출을 활용하여 적은 자본으로도 상가의 주인이 될 수 있다는 점이다. 경매를 이용하면 낙찰가의 30%의 자금으로 매입할 수 있다. 왜냐하면, 분양과 일반 매매는 40~50% 대출이 가능하지만, 경매는 80~90% 대출이 가능하기 때문이다. 즉, 분양이나 일반 매매는 경매보다 실투자금이 많이 필요한 것이다.

　50~60%의 자금이 필요한 분양이나 일반 매매와 비교했을 때 경매는 최소 30%의 자금만으로 매입이 가능하다. 경매는 요즘처럼 분양가가 치솟고, 주택담보대출이 까다로운 시기에 특히 가성비 면에서 비교가 안 될 만큼 뛰어나다고 말할 수 있다. 게다가 두 번 이상 유찰이 된 물건이라면 대출을 더욱 극대화할 수 있는데 최대 90%까지도 대출이 가

능하다. 보증금 회수까지 고려한다면, 최종 15~20%의 투자금이면 가능하다.

예를 들어 3억 원의 상가를 경매로 낙찰받는다고 해보자. 낙찰가 3억 원에서 약 80% 대출을 받고 임대보증금으로 3000만 원을 받는다고 가정해본다면 낙찰에 따른 취·등록세와 법무 비용을 3000만 원으로 최대로 잡는다고 해도 실투입금 3000만 원이다. 만약 임대보증금을 5000만 원을 받을 수 있는 물건이라면 이때 필요한 실투자금은 1000만 원으로 줄어든다.

경매로 낙찰받을 경우 실투자금

구분	금액(원)
낙찰가	300,000,000
대출금(80%)	240,000,000
임대보증금	30,000,000
취등록세 및 법무비용	30,000,000
실투입금액	30,000,000

내 경우 예전에 치과를 1억 8600만 원에 낙찰받은 적이 있었다. 대출로 80%(1억 5000만 원)를 받고, 보증금 3000만 원을 받고 나니 실투자금이 612만 원 정도였다. 여기에 월세가 250만 원이었는데 두 달이 넘어가면서부터는 투자한 돈을 모두 회수하게 되어 거의 돈이 들어가지

않았다. 그러나 최대한 대출을 받는다 하더라도 취득 시의 각종 공과금이나 세금을 내기 위해서는 안정적으로 총 매입가의 30% 여유 자금이 필요하다는 것을 잊어서는 안 된다.

경락대출 가능할까?

"대출이 쉽게 되나요? 8·2 부동산 대책을 보면 앞으로 대출이 어려워질 것 같은데요."

**높은 경락잔금 대출
보증보험으로 임차인 안심시키기**

경매를 활용할 때에도 주의할 점이 있다. 물건을 낙찰받고 나서 바로 재계약이 된다면 문제가 없지만, 만약 기존 임차인이 나가고 새로운 임차인을 들여야 할 경우, 80% 이상 대출을 받아 상가를 매입했다면 대출 금액은 120~130%까지 설정되었을 것이다. 그러면 새로운 임차인은 임대할 때 매입가와 대출 금액이 거의 비슷하기 때문에 이 상가에 들어오는 것을 망설일 수 있다. 그럴 때는 임차인의 보증금을 보장해주는 보증보험 상품에 가입하는 것이 좋다. 이 상품은 서울보증보험에서 취급하고 있다.

예전에 임차인을 들이면서 보증금 5000만 원에 대해 보증보험을 든 적이 있다. 이때 보험 기간 2년을 기준으로 약 158만 원의 보험료를 일시납으로 지급했다. 이때 발생하는 보험료를 누가 낼 것인지 서로 협의해야 하는데 보통은 조금 더 아쉬운 사람이 낸다. 보통 파워 임차인이라 불리는 영업력이 뛰어난 임차인이나 대기업 임차인들은 보증보험 가입 혹은 임대인의 부동산 담보를 요구하는 경우가 많다.

최근 대출 이야기가 나오면 대개 이런 걱정부터 하는 이들이 많다. 그러나 최근에 발표한 8·2 부동산 대책은 주거에 대한 안정이 목적이기에 실질적으로 상가는 그 타깃이 아닌데도 많은 사람이 낙찰 전부터 우려의 목소리가 크다. 상가는 대부분이 사업자 대출로 진행되기 때문에 여전히 80~90%까지 대출이 가능하다. 그렇기에 지금이야말로 상가에 투자하기에 적기라고 볼 수 있다.

실제로 8·2 부동산 대책이 발표된 이후 상가에 대한 문의가 폭발적으로 늘었다. 현금 5000만~1억 정도를 들고 있는데 어디에 투자할지 모르겠다고 하면 적극적으로 상가에 투자하라고 권한다. 그 이유는 아파트 투자와 달리 대출이 열려 있기 때문이다. 단, 대출을 잘 받기 위해 평소 신용등급을 늘 5등급 이내로 유지하는 것이 중요하다.

절세 노하우

상가는 보통 1년 이내에 매각하면 수익의 50%, 2년 이내는 수익의 40%를 양도소득세로 내지만 매입 후 2년이 지나면 정도에 따라 6~38%의 일반세율로 차등해서 세금을 낸다. 그러므로 1년이나 2년 이내에 매각하면 양도차익의 절반 정도를 양도소득세로 내기 때문에 매각 시기는 최소 2년 후가 적절하다. 일단 2년이 지나면 상황에 따라 갖고 있던 상가 중 하나를 일반 세율로 적용받아 매각할 수도 있고 매매 시장이 그다지 좋지 않다면 그대로 보유하면서 임대조건을 조금 상향하여 다음 기회를 노릴 수도 있다.

양도소득세율

구분	과세 표준액(만 원)	세율
2년 이상 보유자 일반 세율	1200만 원 이하	6%
	1200만 원 초과~4600만 원 이하	15%
	4600만 원 초과~8800만 원 이하	24%
	8800만 원 초과~3억 원 이하	35%
	3억 원 초과 ~	38%
단기 보유 세율	1년 미만 보유자	50%
	2년 미만 보유자	40%

 상가 투자는 아파트보다 세금이 많이 나온다는 이유로 투자를 꺼린다는 분들이 의외로 많다. 상가의 재산세는 아파트나 주택과 비교하면 약 3배 정도로 높은 편이다. 상가는 재산세 외에도 1년에 한 번 납부하는 교통유발부담금이 있다. 교통유발부담금이란 상가가 접하고 있는 도로를 이용함으로써 발생하는 혼잡세의 성격이 강하다. 그러나 이런 세금을 다 합쳐도 상가의 한 달 임대료에 불과하다. 역으로 봤을 때 가지고 있는 상가들의 한 달 임대료를 합산한 금액보다 오히려 세금이 더 많이 나온다면 시세보다 임대료를 낮게 받는 것으로 볼 수 있다.
 수익이 있으니 세금도 내는 것이다. 나의 노력으로 정당하게 번 돈이니 세금 무서워하지 말고 정당하게 내도록 하자.

한국감정원의 임대료 기초정보 제공서비스

2017년 12월 26일부터 한국감정원의 부동산통계정보시스템(www.r-one.co.kr)을 통해 주요 상권 내 상가, 건물의 임대료 기초정보가 제공된다. 분기별 임대료와 임대가격 지수, 공실률, 투자수익률 등의 지표를 지역별 상권별로 구분해 제공한다. 현재 전국 232개 상권에 대해 사무용 건물, 중대형 상가, 소규모 상가 등 5655동, 2만 3000호의 집합상가를 대상으로 임대정보를 조사하여 제공하고 있다.

경매 입찰 자료에서 힌트를 얻어라

경매를 통해 상가를 매입하면, 과거에 어떤 식으로 운영되었는지 정보가 전혀 없는 분양 상가보다 시장 패턴을 예측하면서 입찰할 수 있다. 상가는 아파트나 오피스텔과 달리 정해진 시세가 없다. 사실 시세가 없다기보다는 시세 정보가 숨겨져 있다고 보는 것이 정확하다. 경매에 등장한 상가물건들은 임대료 현황을 쉽게 알 수 있어서 좋다. 근 7년간 유심히 지켜봤더니 업종별로 적정한 임대료의 최저치와 최고치를 포착할 수 있었다. 사실 현장에서 임대료 정보를 얻기는 쉽지 않다. 임대료 부분은 중개사나 임차인 모두 정확히 알려주기를 꺼리기 때문이다. 연봉이 얼마냐고 물었을 때 쿨 하게 말해주는 사람이 별로 없는 것처럼 말이다.

경매 입찰 자료에는 투자자가 알고 싶은 많은 정보가 담겨 있다.

경매는 입찰 자료를 통해 권리금, 임대료, 매매가 등 한 번에 다양한 정보를 비교하면서 볼 수 있다. 특히 과거 유사 낙찰 사례들을 살펴보면서 시장의 패턴과 임대료 변화를 파악하는 데 유리하고 주변 상가의 임대료 또한 대략 유추가 가능하다.

법원에 제출한 임대 내역을 확인하다 보면 대략 업종별 임대료 패턴도 파악할 수 있다. 어떤 업종이 들어오는가에 따라 같은 상가라도 그 임대료가 달라지는데 각각 그 업종의 한계 임대료 수준이 다르기 때문이다. 예를 들어 동네 미용실이라면 월세를 100만 원 넘기기가 어렵다. 보통 70~80만 원 선이다. 병원은 200~300만 원 정도다. 이처럼 업종별

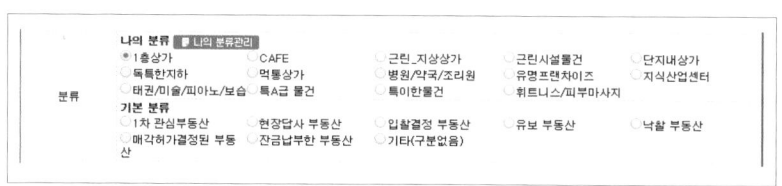

경매 사이트에 가입해 관심 있는 물건을 업종별로 분류해 살펴보는 것도 도움이 된다.

로 수입 규모에 따라 지급할 수 있는 적정 한계 임대료가 있다. 이런 데이터를 하나둘 쌓다 보면 임대료에 대한 업종별 지역별 비교 분석이 가능해진다.

경매에 나온 물건을 찬찬히 살펴보면 투자자가 알고 싶은 정보가 들어 있다. 한마디로 해당 물건의 변천사를 친절하게 담아놓은 상가의 이력서를 들여다보는 셈이다. 이런 기본적인 정보 하나하나가 모여 상가 분야의 빅데이터가 축적되는 것이다.

새로운 업종의 출현을 엿보다

더불어 상가 경매 케이스를 꾸준히 지켜보다 보면 새로운 업종의 출현을 인지하게 된다. 새로운 업종이 처음 생겼을 때는 잘 눈치채지 못하지만 1~2년 사이에 임대료가 꾸준히 높아진다는 것이 신규 업종의 특징이므로 눈여겨볼 필요가 있다. 몇 년 동안 꾸준히 자기만의 업종별 임대 패턴이나 새롭게 출현하는 업종을 데이터로 구축하다 보면 경매가 아닌 일반 상가를 매입할 때도 어느 정도의 기준점이 생기게 된다.

이렇게 경매로 상가를 매입할 때 여러 장점이 있지만 무조건 경매만

임대사업자 등록

경매를 통해 상가를 낙찰받고 임차인을 받으면 기본적으로 임대사업자 등록을 해야 한다. 그래야 세금계산서를 발급할 수 있다.

임대사업자는 매출의 차이로 일반과세자와 간이과세자로 나뉜다. 연 매출 4800만 원 미만이면 간이과세자다. 만약 임대료가 50만 원일 때는 간이과세자로 부가세를 납부하지 않는다. 일반과세자는 세금계산서를 발행해야 하므로 부가세 10%를 받아야 한다. 사업자의 기준은 자기 기준이므로 만약 병원 임대를 할 때 병원이 면세사업자라도 임대를 하는 자신이 일반과세자이면 부가세를 받는다.

간이과세자에서 일반과세자로 돌아갈 때는 기존에 있던 간이과세자는 모두 일반과세자로 바뀐다. 이러한 때에 대비하기 위해 간이과세자가 임대인의 위치에서 임대할 때는 계약서에 향후 일반과세자로 변경될 수도 있기 때문에 부가세를 낼 수 있다는 특약사항을 넣기도 한다.

임대사업자 등록은 임차인이 들어온 때에 세무서에 가서 사업자를 등록하고 임차인이 나가 공실일 때는 일시적으로 휴업 등록을 한다. 최종적으로 상가를 팔게 되면 폐업신고를 통해 사업자등록 폐업을 할 수 있다. 단, 처음부터 공실일 때는 바로 사업자등록을 하지 않아도 된다. 그리고 임대사업자를 낼 때 상호는 잘 쓰지 않는다는 점도 알아두자.

고집하는 것은 아니다. 진짜 최상급 물건은 경매에 나오기도 전에 일반 매매에서 소화되는 경우가 많기 때문이다. 그래서 앞에서도 말했듯, 시작을 경매로 하고 차차 일반 매매와 분양으로도 시야를 넓히라는 것이다. 간혹 최상급 물건도 경매에 나오는 사례가 있다. 이런 물건은 최상급 물건임에도 채권·채무 관계가 너무 복잡해서 경매가 아니면 그 흑

역사를 지울 수 없는 경우다. 그러므로 이런 물건이 경매로 나오는지 늘 예의주시할 필요가 있다.

조심해야 할
분양상가의 세계

경매는 상가 투자에 대한 안목을 키우는 가장 좋은 방법이지만 앞에서도 언급했듯이 초보자 대부분은 분양에 관심이 더 많다. 부동산 투자를 처음 하면서도 분양하는 상가에 투자하고 싶어 하는 이유는 초보자의 눈에 깔끔하게 정돈된 상업 지역이 좋아 보이기 때문일 것이다. 게다가 홍보관을 찾았을 때, 장점 위주로 분양 상가를 친절하게 설명해주니 현혹될 만하다. 경험상 부동산 투자에서는 친절한 곳보다는 살짝 퉁명스럽고 불친절해서 자신이 더 알아봐야 하는 정보가 많은 경우에 돈 되는 기회가 더 많았다.

물론 물건에 따라서는 반드시 분양으로만 매입할 수 있는 상가가 있다. 분양하는 건물에서 1등 물건에 해당하는 상가들이 이에 속한다. 이런 물건은 경매로 나오기 어렵기 때문이다.

분양가 대비 감정가가 낮게 매겨진 경매 물건

그렇다면 분양 상가에 투자하기 전에 조심해야 할 부분들을 미리 체크해보면서 그 리스크를 줄여나가 보자.

분양 상가는 건물이 아직 지어지지 않은 상태여서 실물을 확인할 수가 없다. 아직 인프라가 형성되지 않은 상권에서 시세를 파악하기가 쉽지 않을뿐더러 최초로 분양하는 신도시 상가의 경우 공실이 대부분이다. 앞으로 상권이 어떻게 형성될지 예측하기 어렵기 때문에 신도시 분양 상가의 경우 가능하면 분양 후 3~5년의 세월을 기다린 후 접근하는 것이 좋다. 분양 후 상권이 어느 정도 형성되면 상권의 지도가 완성되고 신도시 나름의 색깔이 드러나면서 그에 맞는 상권으로 자리를 잡아가기 때문이다. 이때 시장에서 도태된 물건들이 경매로 나오기 시작하는데 그 이유는 분양 후 공실로 3년을 버티기는 쉬운 일이 아니기 때문이다. 이러한 물건들은 경매를 통해 접근한다면 처음 분양가보다 30% 정도 할인된 금액에 매입할 수 있으므로 이 시점이 경매로 투자하기에 적합하다.

최근 분양가가 지나치게 많이 올랐다. 세종시, 위례, 마곡 등의 지역도 서울이나 1기 신도시 등 수도권과 비교했을 때 현재 시세라기보다 5~6년 후 가격이 올랐을 때의 시세라는 생각이 들 만큼 분양가가 높게 느껴진다. 시간을 미리 앞당겨 가격이 매겨진 셈이니 시간이 지난 후 오를 수 있는 부분은 그만큼 적어진 셈이다.

최근 분양된 신규 상가의 분양가는 3.3㎡당 5000만 원에 육박한다. 위례 신도시 신규 상가의 최고 분양가는 3.3㎡당 6000만 원을 넘기도 했다. 하늘 높은 줄 모르고 치솟는 분양가를 보면 굳이 분양으로 최고점을 찍은 상가를 매입해야 하는지 의문점이 생긴다. 그보다는 조금 시차를 두고 기다렸다가 경매를 통해 접근하는 것이 더 현명한 방법이다. 신도시에 있는 분양 상가가 경매로 나온 경우에는 대부분 분양가보다 1~2억 원 정도 낮은 금액으로 감정가가 매겨지는 것을 확인할 수 있다. 그것만 보더라도 분양가가 얼마나 부풀려졌는지 쉽게 알 수 있다. 모든 분양 상가가 다 고분양은 아니다. 시간이 흐름에 따라 날개를 달고 훨훨 가치가 상승할 상가가 있는 반면, 그렇지 않은 상가들조차 비싸게 분양되고 있다는 점을 유의해야 한다.

선임대 조건을 조심하자

흔히 분양 상가를 광고할 때 분양회사에서 '선임대 조건'을 제시하기도 한다. 분양회사의 설명만 들으면 그럴듯하여 초보 투자자들이 쉽게 속아 넘어가기에 십상이다. 상가 투자에서 가장 두려워하는 부분이 공실이기 때문에 선임대 조건은 투자자에게 매력적으로 들린다.

'회사에서 임대료를 선납해 준다니, 이보다 더 좋은 기회가 어디 있어. 공실 때문에 골치 아플 일도 없고 임대료 못 받을 걱정도 더는 거잖아.'

초보 투자자에게는 정말 솔깃한 제안이다. 하지만 철석같이 약속한 선임대 계약이 분양 이후 깨지는 일이 많다. 만약 회사에서 3년 동안 선임대 기간으로 잡고 있다고 하자. 설령 회사에서 이 기간을 이행한다고 해도 3년이란 시간이 지나고 나면 임대료 결정에서 칼자루를 누가 쥐고 있을지 고민해 봐야 한다. 이 시점에서 임차인이 나간다고 하면 임대료를 깎아서라도 임차인을 붙잡아야 하는 상황이 올 수도 있다.

높은 임대료를 받아줄 임차인의 수요가 있는가

임대료에 대한 고민도 해봐야 한다. 신도시 상가들이 분양가가 워낙 높다 보니 임대료도 높게 책정될 수밖에 없다. 그러나 내가 매입한 상가의 분양가가 높다고 해서 내가 받을 수 있는 임대료도 높게 예상한다면 큰 오산이다. 그 정도의 금액을 낼 수 있는 임차인이 있는지부터 우선 살펴봐야 한다.

그리고 그곳에서 내가 장사를 한다면 지급할 수 있는 적정한 임대료를 고민해보자. 내가 부담스럽다면 임차인도 마찬가지일 것이다.

그렇다면 적정한 임대료를 책정할 때 보증금의 기준은 무엇일까? 평균적으로 약 1년 6개월간의 월 임대료를 보증금으로 책정한다. 이는 보통 임대료나 관리비를 미납했을 경우와 임대차 계약 기간이 끝났는데 임차인이 상가를 비워주지 않을 때 명도 소송 기간까지 고려한 금액이다.

명도 소송이 길어지면 최대 1년 넘게 갈 수도 있기 때문에 이를 기준으로 잡는 것이 안전하다. 예를 들어 월세 200만 원을 받는다고 할 때 보증금은 3600만 원이 적정하다. 월 임대료 200만 원인데 보증금이 1억 원인 경우도 있다. 이럴 땐 보증금이 지나치게 높게 책정된 금액이라고 보면 된다. 물론 원칙적으로 정해진 것은 없으나 상식적으로 보증금의 비중이 월세를 기준으로 적정한지 가늠해 볼 수 있다.

신도시 상권의 경우 투자금 대비 적정 수익률은 그 상권이 안정되고 나서야 기대할 수 있는데 신도시 상권은 아파트 입주가 단계적으로 이루어지기 때문에 상권이 자리를 잡는 데 보통 5~7년이 걸린다. 게다가 유망 업종이 가장 먼저 깃발을 꽂는 자리는 역시 A급 입지의 상가다. 자신이 분양받은 상가가 그런 물건이 아닌 경우에는 장기간 공실로 이어지기 쉽다. 임대료는커녕 임대가 들어올 때까지 이자 부담을 극복하는 것도 만만치 않을 것이다.

분양 상가를 매입했다가 쓴맛을 본 사례를 하나 소개하고자 한다. 서울시 마포구 합정동에 있는 대형 쇼핑몰의 1층 상가였다. 지인 중 한 사람이 분양받은 상가로 1층이긴 하지만 전면이 아닌 건물 안쪽에 있어서 가시성이나 접근성이 떨어졌다. 총 2개로 된 상가 중 하나를 분양받았는데 한 곳이 45억 원, 다른 한 곳이 48억 원이었다. 상당한 금액이다. 3년이 지나 임대인이 임대료를 올린다고 하자 임차인이 나간다고 으름장을 놓았다. 그만한 임대료를 낼 업종을 찾지 못한 지인은 결국 울며 겨자 먹기로 원래 금액에서 10원도 올리지 못하고 재계약을 해야만 했다. 진정한 갑(甲)이 누구인지 판가름이 나는 순간이다.

또 한 사례는 명동의 한 의류 매장이다. 3.3㎡당 1계좌로 2억 5000만 원에 분양했는데 3.3㎡당 분양하면서 임대료 150만 원을 약속했다. 하지만 몇 개월의 공실 끝에 유니클로가 들어왔고 각 층의 대표자들과 협의해 1계좌당 50만 원을 주기로 조정했다.

명동 의류 매장 분양

분양 광고 시

구분	분양
1계좌(3.3㎡당)	250,000,000
임대료	1,500,000

실제

구분	분양
1계좌(3.3㎡당)	250,000,000
임대료	500,000

그 이후로 400명 중 50만 원이라는 임대료에 불만을 품은 사람들 서너 명씩 모여서 소송을 하기 시작했다. 사실 2억 5000만 원을 투자해서 보증금도 없이 50만 원을 받는다고 하니 수익률조차 바닥이다. 게다가 누군가는 그렇게 소송을 통해 60만 원을 받게 되니 갈수록 그 분쟁은 끝날 것 같지 않아 보였다. 향후 유니클로가 나가고 이에 걸맞은 임대료를 낼 수 있는 임차인이 들어와도 50만 원 이상은 힘들어 보인다. 그 이유는 가치 상승이 최정점에 달한 상태에서 분양을 받았기 때문이다. 최근 그들 중 한 투자자는 처음 2억 5000만 원을 주고 받았던 3.3㎡를 8000만 원에 팔았다고 하니 정말 씁쓸하지 않을 수가 없다.

왜 이런 일이 생기는 걸까? 상가 매입에 대한 원칙을 무시했기 때문이다. 아무리 명동이라도 기본 평수에 대한 개념을 갖고 있어야 한다. 당장 임대수익률만 생각하다가는 나중에 매각 차익은커녕 본전도 못 뽑는 경우가 생길 수 있다.

분양회사 입장에선 면적을 조각내서 팔면 훨씬 이익이다. 39.66㎡

(12평)짜리 상가를 5억 원에 파는 것보다 19.83㎡(6평)씩 조각내어 3억 원에 파는 것이 더 이익이 아니겠는가. 심지어 9.91㎡(3평)씩 조각내어 2억 원에 팔 수도 있다. 39.66㎡(12평)는 변함이 없는데 조각내는 순간 5억 원이 순식간에 8억 원이 되기 때문이다. 당장 눈앞의 임대료에만 혹할 게 아니라 이런 이면을 볼 줄 알아야 한다. 조각내면 조각낼수록 분양하는 회사만 유리하다.

도면을 읽어 동선을 파악하라

분양을 통해 상가를 매입할 때는 실물을 못 보고 투자를 하는 것이기 때문에 도면을 볼 줄 모르면 아예 분양 시장에는 접근하지 않는 것이 좋다.

신규 상가의 도면을 귀신같이 보는 사람이 있다. 도면만 봐도 어떤 업종이 들어오면 잘 될지 족집게처럼 맞힌다. 그는 도면을 손가락으로 가리키며 이렇게 말했다.

"여긴 휴대폰 가게, 저긴 빵집, 그리고 거긴 커피전문점."

'뭐야? 무당이야?'

처음엔 그저 어리둥절해서 놀라기만 했다. 그가 찍은 자리에 그 업종이 들어오면 정말 잘 되었다. 어찌나 잘 맞히는지 혀를 내두를 때가 한두 번이 아니었다. 그는 아직 짓지도 않은 상가를 도면만 보고 사서 건물이 제 모양을 거의 갖추었을 때 되판다. 그렇게 팔아도 매각 차익을 얻을 수 있는데 만약 팔지 못하면 자신이 직접 그 자리에서 휴대폰 매장

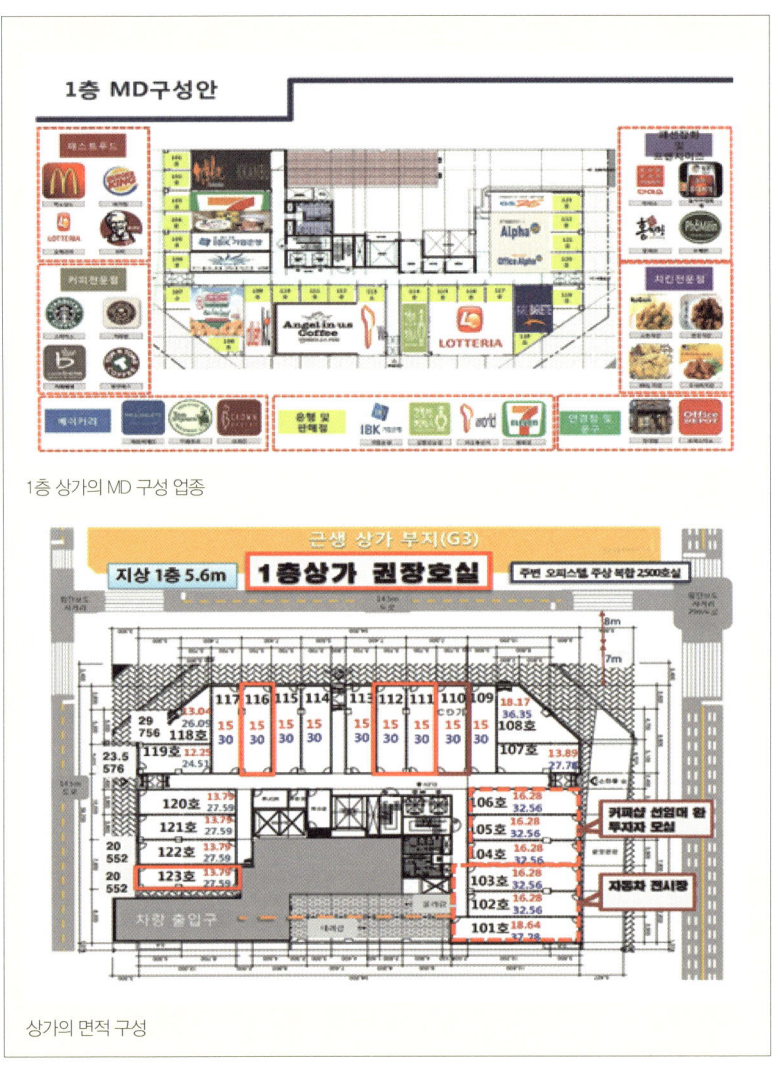

1층 상가의 MD 구성 업종

상가의 면적 구성

을 운영하기도 했다. 그의 비결이 너무나 궁금해서 물어본 적이 있었다.

"어떻게 그렇게 잘 아세요?"

"상가에 들어가면 어디에 어떤 가게가 있는지 관찰해. 업종마다 선호하는 위치가 다르거든. 우리가 별생각 없이 이용하는 가게지만 위치의 강점을 톡톡히 보는 상가는 늘 있기 마련이야"

분양 상가의 도면만 보더라도 점포의 입지부터 사람들의 동선과 접근성에 따라 그 혜택을 보는 점포가 어디인지 예측할 수 있다면 분양으로 상가를 사더라도 리스크는 줄일 수 있다.

그리고 신도시 분양 상가는 상가 자체뿐만 아니라 신도시 전체의 동선을 파악해야 한다. 신도시 상가는 유동 인구와 개발지역에 따른 동선 파악이 핵심이기 때문이다. 개별상가의 입지보다 신도시 전체에 대한 큰 그림을 그릴 줄 알아야 한다. 그리고 개별상가도 접근성과 인지성이 뛰어난 전철역, 백화점, 로데오거리에 포진해 있는 1등 건물과 1등 상가 위주로 접근해야 실패 확률을 줄일 수 있다.

알짜상가 매입의 5가지 핵심 전략

　알짜상가를 매입하는 여러 방법 중 가장 효율적인 방식이 경매라는 것을 알았다면 자기만의 전략을 세워 투자 물건에 적용해 보도록 하자. 도무지 공실이 날 수 없는 자리, 유망 업종이 기를 쓰고 들어올 자리, 임차인이 상가 주인에게 제발 팔라고 권유하는 자리, 대기업이 들어와 영업하고 싶은 자리가 어디인지 찾아보자.
　"알짜상가를 매입할 때 어떤 원칙을 가지고 살펴봐야 하나요?"
　구체적으로 상가 투자 로드맵을 그릴 때 반드시 체크해야 하는 5가지 핵심 전략이 있다. 상가를 매입할 때 이 5가지 핵심 전략을 꼭 기억하자. 매입부터 매각까지 리스크를 최대한 줄일 수 있는 기본적인 원칙이기 때문이다.

　첫째, 1층 상가를 최우선으로 고려한다. 1층은 목적성이 있는 지상층과는 달리 접근성과 인지성이 좋기 때문에 입점할 업종의 수가 가장 많다. 따라서 임대를 하기도 편하고 자신이 직접 운영하기도 쉽다. 그리고 지상층 상가보다 1층 상가에서 권리금이 생길 확률이 높다. 권리금이 있다면 재계약 확률이 높거나 명도 즉시 새로운 임차인을 구하기도 수월하다. 일단 권리금이 형성되면 기존 임차인이 다음 임차인에게 권리금을 받고 나가는 방식이므로 임대인의 입장에서 보면 공실의 위험도 자연스럽게 줄어든다.

1층에 주로 들어오는 업종은 약국, 병원, 프랜차이즈 임차인 등 높은 비용이 드는 인테리어를 하는 경우가 많다. 인테리어에 비용을 들였다는 것만으로도 해당 상가에 오래 임차하고 싶다는 의미가 반영되기 때문에 인테리어의 수준도 중요한 척도가 될 수 있다. 게다가 1층 상가의 임대료는 지상 상가의 2배 이상 형성할 수 있는 힘을 가지고 있으므로 경쟁력 있는 상권과 입지에 있는 1층 상가는 늘 관심 물건 1순위다.

둘째, 업종을 선별한다. 지상 상가에 투자할 때면 필수 업종이 들어와 있는 물건에만 선별적으로 투자해야 한다. 가령 지상층의 대표상가인 병원(의원)은 필수업종이다. 필수업종이란 그 상권 내에 반드시 포함되어야 할 업종으로 병원, 은행 등 방문 목적이 뚜렷한 상가라고 기억하면 된다. 특히 선점효과가 뛰어난 학원업종은 누가 먼저 깃발을 꽂느냐에 따라 그 성패가 나뉜다.

셋째, 우량 임차인을 우선으로 선택한다. 대기업과 같은 우량 임차인의 경우 기본적으로 임대료를 밀릴 일이 없다. 대기업이 들어와서 장사하고 있다는 것 자체만으로도 나중에 물건을 매각할 때 높은 가치를 인정받고 팔 수 있다.

넷째, 매수 대기 업종을 살핀다. 매수 대기 업종이란 임대를 하거나 직접 장사를 하고 싶은데 자리가 없어 못 하는 업종을 말한다. 예를 들어, 신도시가 처음 생기고 상권이 형성될 때 맨 처음 입점하는 업종들이 여기에 해당한다.

1층의 대표적 상가인 약국은 필수업종에 속한다

대표적인 대기업종인 태권도장의 내부 모습

대표적인 업종으로는 병원, 약국, 편의점, 태권도장, 피아노학원 등을 들 수 있다. 이들은 입주자들이 다 들어오기 전이나 상권이 형성되기 전에 가장 먼저 들어온다.

예전에 세종시에서 이런 일이 있었다. 아파트 대단지 앞에 상가건물이 크게 들어왔다. 거기에 태권도장이 딱 한 군데 생겼는데 생기자마자 학원생이 300명이 넘었다. 이런 곳은 생긴 지 얼마 되지 않았어도 높은 권리금이 형성된다. 또한, 태권도장은 지상 상가에서 명확하게 경쟁력을 갖추고 있는 업종이다. 요즘 태권도장에서는 태권도만 가르치는 것이 아니라 예절교육, 레크리에이션, 방과 후 수업 등을 하고 방학 때는 국내외 여행을 다니기도 한다. 근래에는 영어 태권도장이 인기몰이 중이다.

부모라면 학교 내 왕따 문제로부터 자녀가 자신을 지킬 힘을 기르길 바랄 것이다. 합기도, 검도도 있지만, 부모들은 태권도를 더욱 선호한다. 그래서 아파트단지 상가나 학교 앞 상가에서 합기도나 검도 도장보다 태권도장을 손쉽게 찾을 수 있다. 또한, 태권도장이 탄탄하게 자리를 잡은 곳에는 다른 학원들도 연달아 생기는 일이 많다. 이 또한 부모의 입장에서 보면, 아이가 최소의 동선으로 여러 개의 수업을 듣기를 원하기 때문에 같은 층이나 같은 건물에 연달아 학원이 생긴다. 이런 현상 때문에 태권도장이 경매에 나오면 실제 낙찰받아 운영하려는 이가 많다. 독점력이 있는 매수 대기 업종이 임차인으로 들어오는 경우에는 한 번 선점하면 잘 나가지 않는다.

알짜상가를 매입할 때 우선으로 체크해야 할 5가지 핵심 전략

1. 1층 상가를 최우선으로 고려한다.
2. 업종을 선별한다.
3. 우량 임차인을 우선으로 선택한다.
4. 매수 대기 업종을 살핀다.
5. 권리금이 형성된 물건인지 파악한다.

다섯째, 권리금이 형성된 물건인지 파악한다. 권리금을 내고 들어온 임차인들은 어떻게 해서든지 나갈 때 자신이 낸 권리금보다 더 많은 권리금을 받아 나가려고 한다. 임대료를 3개월분을 내지 않으면 명도 대상이 되는데 명도를 당하게 되면 권리금은 단 한 푼도 받지 못하고 나가야 한다. 보통 3개월분의 임대료를 3기 임대료라고 하는데 1개월 치가 200만 원인 경우 3개월분의 금액인 600만 원이 연체되는 순간 명도 대상이 된다.

만약 권리금을 3억 원이나 주고 들어왔는데 임대료를 3개월분 밀렸다면 권리금은 포기하고 비워줘야 한다. 그래서 권리금이 형성된 상가는 임차인이 나중에 자신의 권리금을 더 받아서 나가야 하므로 3개월 이상 임대료를 밀리지 않으려고 한다. 이 말은 곧 그만큼 안정성과 지속성이 보장된 물건이라는 의미로 받아들일 수 있다.

종합하면 이 5가지 포인트를 갖춘 알짜상가는 사람들에게 접근성과

인지도가 높고, 임차 업종의 폭이 넓다고 볼 수 있다. 이 5가지 포인트가 말하고 있는 것은 무엇인가? 차근차근 따져보면 결국 알짜상가가 가져야 하는 핵심 경쟁력인 '상권 경쟁력, 입지 경쟁력, 콘텐츠 경쟁력'으로 귀결된다.

매입부터 매각까지
투자 로드맵을 그려라

　상가의 투자 로드맵을 그릴 때 원칙은 분명하다. 두 가지만 기억하면 된다. 하나는 그 매입 방법이 경매가 됐든, 급매가 됐든 '시세보다 싸게 매입'하는 것이다. 또 다른 하나는 매입 이후 인테리어와 임차 업종, 그리고 임대수익률을 잘 활용해 '최대한 가치를 올려 매각'하는 것이다. 즉, 사는 시점부터 미리 매각할 때 어느 가격으로 팔지를 생각해야 한다.
　"전 안 팔 건데요. 나중에 애들한테 물려줄 거예요."
　매달 안정적인 월세를 안겨주는 알짜상가를 매입했다면 이런 마음이 들 수도 있다. 안정적인 상권, 우수한 입지, 높은 수익률. 이 세 가지 조건이 딱 맞아떨어지는 상가를 매입했다면 더더욱 그러할 것이다. 든든한 노후 대책처럼 생각되는 효자 물건을 보유한 사람이라면 굳이 팔 생각도 없을 것이다.

그러나 세상에 영원한 것은 없다. 급격한 상권의 변화, 초대형 쇼핑몰의 등장, 매매 시장의 위축 등……. 수시로 부동산 시장에 변화가 찾아온다. 본격적인 금리 인상이 시작되면 수익형 부동산 시장도 하락할 가능성이 있다.

부동산 시장은 살아 있는 생명체와 같아서 변화를 거듭한다. 게다가 사람의 일은 한 치 앞을 알 수 없어서 생각하지도 못한 일이 닥치기도 한다. 애지중지하던 상가여도 부득이 매도할 수밖에 없는 처지에 놓일 수 있다.

그러나 부동산 시장의 흐름이 아무리 자주 바뀌더라도 그 주기는 적어도 4~5년 단위로 움직일 때가 많다. 그러므로 앞에서도 강조했듯이 매각에 관련된 계획을 확실히 세워둬야 한다. 단기로 접근할 물건들은 2년이나 4년 이후에 재계약을 통해 계약조건에서 수익률을 최대한 높여 일반세율을 적용받아 매도하는 방식으로 접근한다면 매입 시 예상한 매각 수익을 올릴 수 있다. 보통 지상층의 목적성이 강한 임차인이 들어왔을 때 이런 매도 방식은 효율적이다.

투자를 선택하는 가장 큰 이유는 '최대 수익'을 얻기 위해서일 것이다. 물건의 조건에 따라서 10년 동안 임대를 하는 것보다 3년 후 매각하는 것이 더 큰 이익이 될 수 있다. 게다가 임대료가 지금이 최대치라 판단했다면 매각을 단행해야 한다.

무조건 팔라는 것이 아니다. 가장 효과적인 타이밍에 임대와 매각을 통해 최대 수익을 내라는 이야기다. 들어갈 때와 나올 때를 잘 알아야 한다. 보유냐 매각이냐의 문제가 아니라 장기로 보유할 것인지, 단기로 보유할 것인지 둘 중 하나를 선택할 뿐이다. 때에 따라 장기로 보유해야 한다면 임대수익이 기대했던 것보다 월등히 높거나 개발 호재 등으로 자산 가치가 계속 상승하는 곳이어야 할 것이다. 보통 1층 상가들이 이러한 조건들을 잘 갖추고 있다. 요점은 어떤 경우라도 매각 전까지 내 상가의 가치를 최대한으로 올리며 유지하는 것이 중요하다는 것이다.

상가를 매입할 때부터 매각을 생각하라

 투자자라면 상가 매입을 끝이 아니라 시작이라고 생각해야 한다. 초보자들이 가장 많이 실수하는 것은 물건을 얼마나 싸게 사고 임대료를 얼마나 높게 받을 것인가에만 초점을 둔다는 것이다. 하지만 상가 하나를 매입했다고 평생 보유할 수는 없다. 투자자에게는 잘 사는 것 못지않게 잘 파는 것도 중요하다. 매각 시점에 만족스러운 가격에 팔려면 매입 시점부터 준비하고, 관리해 나가야 한다.

 매입할 때부터 매각을 생각하라. 이러한 생각으로 상가 투자에 접근하면 다소 비싼 듯한 가격에 상가를 매입했더라도 흔들리지 않는다. 오히려 향후 매각할 시점을 염두에 두고 점진적으로 임대료를 상승시킬 아이디어를 고민할 것이다.

 그러기 위해서는 매입하기 전 현장을 찾아 상권을 분석하여 좋은 조건에 매각할 방법을 구체적으로 세워보라. 매입한 후에는 신중하게 임대료를 결정하고, 지속해서 임대 관리를 통해 내 물건의 가치를 상승시켜 나가야 한다.

그렇다면 임대료 다음에는 무엇을 생각해야 할까? 임대료를 잘 받을 수 있는 업종이 무엇인지 고민해야 한다. 상가는 1층 상가와 지상 상가로 구분하는데 이에 따라 들어올 업종이 대부분 정해져 있다. 특히 목적 상가로 분류되는 지상 상가에 들어올 수 있는 업종이 제한적이다.

상가를 매입할 때 세워야 할 전략 순서
첫 번째, 매각 시점을 가장 먼저 생각한다.
두 번째, 매각 가격을 고려한 매입가를 결정한다.
세 번째, 매각 시기와 매각 가격을 반영한 임대료를 결정한다.
네 번째, 임대료를 높게 받을 수 있는 최적의 업종을 선택한다.

임대료보다 더 중요한 것은 환금성이다. 다시 말해 매각할 때 원하는 가격에 팔 수 있어야 한다. 임대료 설정이 완성되는 시기를 보통 매각 시점으로 잡는다. 임대료는 매각 시 원하는 수익률을 맞추기 위한 하나의 과정이라고 보면 된다.

매각 금액을 산출할 때에도 임대료에 역산하여 유추할 수 있다. 임대료를 매출액에 비례하여 순차적으로 올릴 수 있다면 매각 금액은 충분히 세팅할 수 있다.

다시 한번 강조하지만, 상가 투자 로드맵의 핵심 목표는 매각이다. 실제로 파냐 안 파느냐가 중요한 게 아니라 팔 수 있는 상가와 팔기 어려운 상가를 애초에 구분하고 접근하는 게 중요하다. 시간이 지나면서 상가 간의 격차는 점점 벌어질 것이다. 그러므로 팔기 어려운 상가라면 더더욱 매각 시점이 더 중요한 요소일 것이다. 마음에 드는 알짜상가 후보를 몇 개 찾았는데 비슷해 보인다면 기준은 딱 하나, 가장 팔기 좋은 물건이 무엇일지를 고민하는 것이 좋다.

무조건 싸게 샀다고 좋은 게 아니다. 잘 팔리는 상가가 최후의 승자가 될 것이다.

백전백승 알짜상가 핵심전략

서울휘의 콕 집어주는 센스 TIP

1. 언제나 **1층 상가**를 예의주시하라!
2. 2층 이상 지상층을 매입한다면 **업종**에 더 주목하라. 어떤 업종인가에 따라 매각이 쉬워질 수도 어려워질 수도 있다.
3. 상가 투자에서 **최고의 가성비**를 올리는 비결은 매입하는 방법에 달려 있다.
4. 매입하려는 상가의 **업종 분석을 통해 매출액, 임대료를 유추**하라. 임대료는 매출액의 20%가 넘으면 임차인에게 부담으로 다가온다(2017년 평균 매출액 대비 임대료 비율은 약 17% 정도).
5. 대기업 임차인을 적극적으로 유치하자. **우량 임차인**이 될 확률이 높다.
6. 시장에서 인기 있는 **블루칩의 입지**를 선점하라. 내가 좋아하는 물건이 아니라 시장에서 매도가 잘 되는 물건을 고른다.
7. **매입부터 매각까지의 투자 로드맵**을 그려라. 고수는 매각까지의 금액과 기간을 예상하고 매입한다.

 칼럼 | 서울휘의 알짜상가 이야기

상가 투자 수익률의 비밀

기준금리 1.5%의 시대가 도래했다. 1.5%라니, 이건 금리가 아예 없는 거나 다름없다. 금리가 낮아질수록 사람들은 수익형 상품에 관심을 돌리게 된다. 상가를 매매하는 데 기준이 되는 것은 수익률이다. 상가는 주택과 달리 거래가 빈번하게 이루어지지 않아서 명확하게 상가의 가치를 평가하기가 쉽지 않다. 그러다 보니 보증금과 임대료만 가지고 매매가를 평가할 수밖에 없다. 이러한 이유로 보증금이나 임대료가 조작되거나 부풀려졌을 때 그 가치를 잘못 평가할 수도 있다. 경매의 특성상 임대료가 공개되기에 간혹 임대료가 높은 물건이 나오게 되면 수십 명의 입찰자가 경쟁하는 풍경도 심심찮게 볼 수 있다. 심지어 상권경쟁력이나 입지경쟁력이 형편없는데도 자칫 높은 금액을 써내는 우를 범하기도 한다.

종종 길거리를 가다가 붙어 있는 상가 매매 광고를 보면 이런 수익률의 함정에 빠지기 쉽다. 얼마 전 교대역 인근을 지나가는데 전봇대에 붙은 우량매물 매매 광고지에 발길이 멈췄다. 잠시 수익률을 계산해보려고 매매가를 찾았지만, 명시되어 있진 않았다. 광고지에 있는 정보를 잘 조합하여 매매가를 역으로 산출해보니 매매가는 6억 2000만 원이었다. 언뜻 보면 2억 2000만 원만 있으면 260만 원 월세의 주인공이 될 것처럼 보여서 많은 사람이 월세 금액에 현혹될 수 있는 광고다.

거리의 전봇대에 우량매물이라고 현혹하는 광고지

급매 광고지를 보고 이 상가의 수익률을 계산해보면 수익률은 6%이다.

수익률의 계산공식은 의외로 간단하다. 매입가에서 임대보증금을 제외한 금액을 1년 치의 월세 금액으로 나누면 된다. 통상적으로 일반적인 수익률 계산식에서는 대출금액이 제외된다.

[수익률 계산 방법]

$$수익률 = \frac{1년\ 월세의\ 총합(월세 \times 12개월)}{매입가 - 임대보증금} \times 100$$

[매매 광고지 수익률 계산]

1년 월세의 총합 = 2,600,000원 × 12개월 = 31,200,000원

매입가-임대보증금 = 620,000,000원 - 100,000,000원
$$= 520,000,000원$$

$$수익률 = \frac{31,200,000}{520,000,000} \times 100 = 6\%$$

우리는 여기서 보증금 1억 원에 주목할 필요가 있다. 보증금을 얼마로 설정하느냐에 따라 수익률 조정은 얼마든지 가능하기 때문이다.

신도시는 수익률을 맞추기 위해 보증금의 비율을 높여야 하는 숙명이 있다. 판교나 광교 지역에 매물로 나와 있는 수익형 상가들의 보증금이 2억 원에 육박하는 이유가 바로 높은 수익률을 부각하기 위해서다. 수익률은 임대료라는 변수를 잘 조정하면 충분히 가공할 수 있다. 상가의 경우 특히 그런 측면이 강하다. 임대인과 임차인의 이해만 맞는다면, 임대 계약서상의 임대료는 협상이 가능하다는 점을 잊지 말아야 한다.

예전 보증금 3000만 원에 월세 250만 원 받던 치과병원을 3억 7000만 원에 매도한 경험이 있다. 보증금을 제쳐 두고 월세만 비교해 봤을 때 월세 10만 원의 차이로 매도가 6억 2000만 원이면 상당히 비싼 편이다. 이런 물건을 6억 2000만 원에 매수하면 나중에 되팔 때 다음 매수인에게 얼마에 팔 수 있을까? 상권이나 업종을 제쳐 두고 가격 경쟁력만 놓고 보더라도 이 가격이 합리적인 가격으로 보이진 않는다.

추가로 살펴볼 것은 광고지의 입점한 임차인의 업종이다. 콘텐츠경쟁력에 해당하는 임차인의 업종을 살펴보면 임차인으로 들어와 있는 한의원의 경우 요즘 빈익빈 부익부 현상이 뚜렷하다. 중국산 약재의 공습과 더불어 한약의 신뢰도가 급감하고 있어 한의원에 대한 인식이 좋지만은 않다. 이 여파로 매출이 많이 줄어들어 각 동네의 1등 한의원이 아니면 고전을 면치 못하는 게 한의원의 현주소다. 그나마 아토피, 탈모, 천식, 불임 같은 특화 업종으로 방향을 전환한 프랜차이즈 한의원의 약진이 눈에 띈다.

상가를 매매하는 데는 수익률이 기준이 될 수 있지만, 수익률만 가지고 상가를 평가하는 것은 위험한 일이다. 상권과 입지, 임차 업종이 가지고 있는 콘텐츠경쟁력을 비롯해서 가격 면에서도 매입할 만한 경쟁력이 있는지를 반드시 확인해서 수익률의 함정에 빠지는 우를 범하지 말아야 할 것이다.

상가 대출 잘 받는 법

상가를 매입할 때 어떻게 하면 대출을 잘 받을까?
이 경우 은행과 입장을 바꿔서 생각하면 답이 나온다.
'나라면 누구에게 돈을 빌려줄까?'
당연히 돈 잘 벌고, 약속 잘 지키고, 성격도 좋고, 제때 갚는 사람일 것이다. 은행도 담보 물건이 중요하지만, 사람을 먼저 본다. 일단 사람만 좋다면 거래를 하려고 할 것이다. 신용 있고, 발전 가능성이 있다면 누가 마다하겠는가. 상생하는 의미에서 유리한 조건으로 기꺼이 대출해 줄 것이다. 또한 은행을 이용하는 사람은 대출 활용으로 레버리지효과를 높인다면 수익률을 높일 수 있다.

$$수익률 = \frac{월\ 임대료 \times 12개월}{분양가 - 임대보증금} \times 100$$

$$수익률 = \frac{50 \times 12개월}{1억\ 원 - 1천만\ 원} \times 100 = 6.6\%$$

$$수익률 = \frac{월\ 임대료 \times 12개월 - 대출이자}{분양가 - 임대보증금 - 대출금}$$

$$수익률 = \frac{50만\ 원 \times 12개월 - 200만\ 원}{1억\ 원 - 1천만\ 원 - 5천만\ 원} \times 100 = 10\%$$

1. 경매로 상가를 낙찰받았을 때 대출을 받으려면?

소액 상가를 경매로 낙찰받는다면 근로소득이나 월 임대료 등 꾸준한 수입이 있다면 대출은 가능하다. 신용카드 사용 내역은 주택담보대출을 받을 때 쓰이는 대체소득이다. 상가 대출에는 거의 의미가 없다. 수입이 없는 주부라면 배우자의 소득을 참고하지만, 대출을 받는 데 큰 영향은 없다.

돈을 빌려주는 은행의 입장에서는 대출자가 고정 수입이 있어야 월세가 밀리더라도 이자를 낼 수 있다고 보기 때문이다. 그러니 고정 수입원 입증을 미리 준비하는 게 좋다.

5억 원 이하의 물건은 감정가를 넘기지 않는다면 80~90% 대출을 받을 수 있다. 제2금융권이 대출이 많이 나올 거로 생각하지만, 실제로 그럴지는 않다. 소득이 있다면 제1금융권에서 대출하는 것이 유리하다.

2. 10억 원이 넘는 물건은 사업자 대출로 진행해야 한다

이 경우 신규 사업자는 금리가 높을 수 있다. 사업자등록을 미리 해서 작은 물건으로 임대수익도 내고 준비를 하다가 꼬마 빌딩이나 큰 상가를 매입하는 것도 방법이다.

3. 일반 매매의 대출 한도는 매가의 60% 이상 받기 힘들다

감정가 계산 방법에서 상가는 아파트와 달리 시세가 따로 없는 만큼 주변 시세, 임대료 역산등 여러 방법으로 이루어진다.

감정가가 높아야 대출 한도가 많이 나오므로 몇 군데 은행에 견적을 받아보는 것이 좋다. 은행 중에는 대지와 건물로 이루어진 단독건물에 대출이 잘 나오거나, 집합건물에 대출이 잘 나오기도 하므로 두 군데 이상의 은행에 꼭 감정 의뢰를 한 후 진행하기를 권한다.

4. 건물주가 직접 운영할수록 더 유리하다

공장을 낙찰받아 제조업을 운영한다면 더할 나위 없이 좋은 혜택이 주어진다. 시설자금을 사용할 수 있으므로 저금리로 대출받을 수 있어 유리하다. 예를 들어 장례식장을 운영하던 분이 장례식장을 낙찰받는 경우, 인쇄소를 운영하는 분이 직접 인쇄소를 낙찰받는 경우 기존 사업에 관련된 자료를 적극적으로 준비해서 은행에 제출한다면 유리한 조건으로 대출받을 수 있다.

대출받기 전 사전 검토 및 준비 서류

- 사업자 등록증
- 소득금액증명원
- 부가세 표준증명원
- 재무제표 (최근 3년분 – 비교재무제표로 발급)

이외에도 본인 소유 부동산이 있다거나 유리한 장점이 있다면 알려주는 게 좋다.

5. 신용등급

주택은 담보회수가 안에서 대출이 실행되기 때문에 등급 차이로 인해(1등급과 4등급이라면) 금리가 크게 달라지지 않는다. (물론 등급이 아주 낮으면 대출이 거절되기도 한다. 빌라 6등급까지, 아파트 6등급까지 가능)

보험사 대출에서는 등급에 따라 금리가 달라지기도 하지만 은행에서 주택은 등급별 금리 차이가 거의 없다. 하지만 상가는 등급에 따라서 금리가 1~3% 이상 차이가 난다. 제일 좋은 등급 1단계와 4~5단계의 금리 차이가 크다. 그러므로 상가로 대출을 받고자 한다면 신용등급 관리에 특히 신경을 써야 한다

6. 임대수익 이자상환 비율 실행

2018년 3월부터 RTI(임대수익 이자상환 비율)가 실행된다. 기존에는 상가는 DTI(총부채 상환비율)에 적용이 아니라 이자를 낼 여력이 있는지를 심사했다. 하지만 이제는 RTI를 적용한다고 하니, RTI가 무엇인지 살펴보도록 하자.

$$RTI = \frac{\text{연 임대소득}}{\text{연 이자 비용}}$$

주택은 RTI 1.25배, 상가는 RTI 1.5 이상 나와야 한다.

2억 원짜리 상가에 대출 1억 2000만 원을 받으려면(이자율 3.5%일 때 이자 연 420만 원 월 35만 원)

이 경우 연 임대소득이 630만 원(월 52만 원) 나와야 1억 2000만 원 대출이 가능하다는 뜻이다.

$$\frac{630만 원}{420만 원} = 1.5(\text{RTI 1.5 이상 충족})$$

이 경우 임대수익률 2.6% 정도 된다. 2.6% 수익률 보고 들어가는 사람이 많이 없을 것이다. 큰 무리는 없으리라 본다.

[수익률 계산 방법]

$$수익률 = \frac{연간\ 임대수익\ 210만\ 원(임대수익\ 630만\ 원)}{실투자금\ 8000만\ 원(2억-1억2000만\ 원)} \times 100 = 2.625\%$$

2.625%의 수익률로 상가를 매매하지 않는다. 위에 나온 계산 이상의 수익률을 보고 매입하거나 낙찰받는다면 RTI가 큰 무리는 없어 보인다.

7. 대출 한도가 정해지고 대출이 실행될 때 준비서류

1. 신분증
2. 인감도장
3. 인감증명서. 주민등록등본. 주민등록초본(주소 이력 포함)
   각 2통씩(공매는 3통)
4. 입찰보증금영수증
5. 지방세완납증명원
6. 국세완납증명원
7. 재직증명서
8. 원천징수영수증
9. 대금지급기한통지서
10. 임대료를 받은 것이 있다면 임대차계약서 전부 복사
11. 사업자등록증 및 소득금액증명원

8. 대출받고 이자를 연체하면 연장 시 불이익을 받을 수 있다

상가는 만기가 비교적 주택에 비해 짧다.

1년 혹은 3년 단위로 갱신해야 하는데 주변 시세가 떨어졌거나 본인의 신용등급에 변화가 생겼다면, 연장 시 금융기관에서 원금 일부 중도 상환을 요구할 수 있다. 그러므로 대출 후에도 꾸준한 신용등급 관리를 하는 게 좋다. 그때 한도가 줄어들어서 다른 은행으로 대환하고 싶다고 하는 사람들이 많은데, 상가 특히 경매로 매입한 상가는 대환이 현실적으로 불가능하다.

경락으로 90% 가까운 대출을 받은 물건이 몇 년 후 일반 물건이 된다면 한도가 줄어들 텐데 그때 대환은 많은 금액을 상환해야 하므로 쉽지 않다. 매매인 경우도 이미 임차인이 모두 들어와 있는 상황에서 보증금을 제하고 대환은 어렵다. 그러므로 처음 상가를 경매로 낙찰 혹은 매입할 때는 유리한 상품으로 대출받고, 대출받은 후에는 이자를 연체하는 일 없이 신용등급 관리를 잘 해두는 것이 좋다.

9. 은행들은 한 사람을 한 지점에서 관리한다

이후 다른 상가를 매입하게 되면 기존에 대출받은 은행 지점에서 진행하는 경우가 대부분이다. 그러므로 은행 직원들과 친하게 지내면 나쁠 게 없을 것이다(무리 없는 적금이나 그 외 상품을 그 지점에서 가입한다면 나중에 유용할 수 있다).

꾸준한 신용관리, 소득관리가 대출금액과 금리를 결정하므로 잘 관리해서 수익률에 도움이 되시길 바란다.

(블로그 '레오의 대출'에서 발췌_https://blog.naver.com/yujinkr2)

 서울휘의 알짜상가 | 투자 사례 2

수원 당수동 치과병원(55.34㎡)

대기업 임차인 다음으로 인기 있는 임차인을 꼽으라면 병원 임차인을 들 수 있다. 매물이 경매로 나왔다면 적극적으로 입찰을 검토해야 한다.

경매로 나온 이 병원은 동네 초입의 첫 번째 건물로 뛰어난 입지, 양호한 인테리어를 잘 활용해 우량한 임차인으로 탈바꿈한 케이스다. 주변 3600세대에 끼고 있는데 치과는 단 두 곳밖에 없어 그 나름 경쟁력이 있다고 파악했다. 물론 치과 두 곳은 경쟁 관계일 것이다.

이 병원은 소유자가 직접 운영하던 병원이라서 임대료를 책정하기가 쉽지 않았다. 어떻게 임대료를 책정해야 유리할지 고심했다. 인터넷을 찬찬히 검색해보니 병원 임대를 전문적으로 하는 컨설턴트가 제법 많음을 알았다. 컨설턴트에게 적정한 비용을 주고 의뢰해 보니 대략적인 임대 시세를 알 수 있어서 큰 도움이 되었다.

대략적인 임대 시세와 시장 상황을 알고 나니 어떻게 협상해 나가야 할지 그림이 그려졌다. 그리고 병원이 경매에 나오게 된 이유도 알게 되었다. 원장은 병원을 지키고 싶은 의지가 확고해서 재계약을 하고 싶다는 뜻을 내비쳤다. 결국, 보증금 3000만 원에 월세 250만 원으로 기존 원장과 재계약을 하였다. 1억 8000만 원대에 낙찰받아서 대박을 친 셈이다.

이후 이 물건은 대한치과의사협회(KDI) 게시판을 통해 임대광고를 내놓은 지 일주일 만에 새로운 주인을 찾아갔다. 계약 조건은 보증금 3000만 원, 월세 250만 원으로 동일하게 올렸는데 관심을 보인 사람들은 크게 개의치 않았다. 새로운 임차인을 맞은 이 병원은 이제 제대로 된 황금알을 낳는 물건이 되었다. 젊은 치과의사 부부가 들어오면서 병원은 활기가 돌았고 월세 들어오는 날이 무슨 월급날인 양 딱딱 지켜지니 상가 임대사업의 묘미를 톡톡히 느끼게 해주었던 물건이었다.

그 후 이 상가는 매일경제 광고를 통해 일주일 만에 매각되어 상당한 수익을 안겨주었다.

수원 치과의원 매입 명세

수원 당수동 치과의원				매입 방법: 경매			
초기 비용				매각 수익(단순계산)			
감정가	260,000,000	보증금	30,000,000	매도가	368,000,000	보증금	30,000,000
낙찰가	186,121,200	월세	2,500,000	매각 차익	173,317,225	월세	2,500,000
취득세	8,561,575	월 이자	682,444	총 월세 차익	67,249,557	월 이자	682,444
대출금	148,896,960	월세 차익	1,817,556			월세 차익	1,817,556
총 매입액	194,682,775						
실투자금	215,785,815	수익률	18%	총 수익	240,566,782	보유 기간	37개월

물건의 장점:
① 1등 입지에 위치.
② 우량 임차인 병원이 입점 영업 중.
③ 기존 건물주가 운영하고 있어 병원 시설 우수.

리스크:
① 상권 규모에 비해 치과 두 곳이 경쟁 관계를 이루며 운영 중.
② 명도후 인근에 새로 병원이 개업할 때 다음 임차인 구하는 데 어려움 예상.
③ 성장하는 상권이 아닌 정체된 상권이라 적절한 매각 타이밍 필요.

해결 방안:
① 협상을 통해 다음 임차인과 양도 양수.
② 새로운 임차인 세팅 후 3년 후 매각 계획.

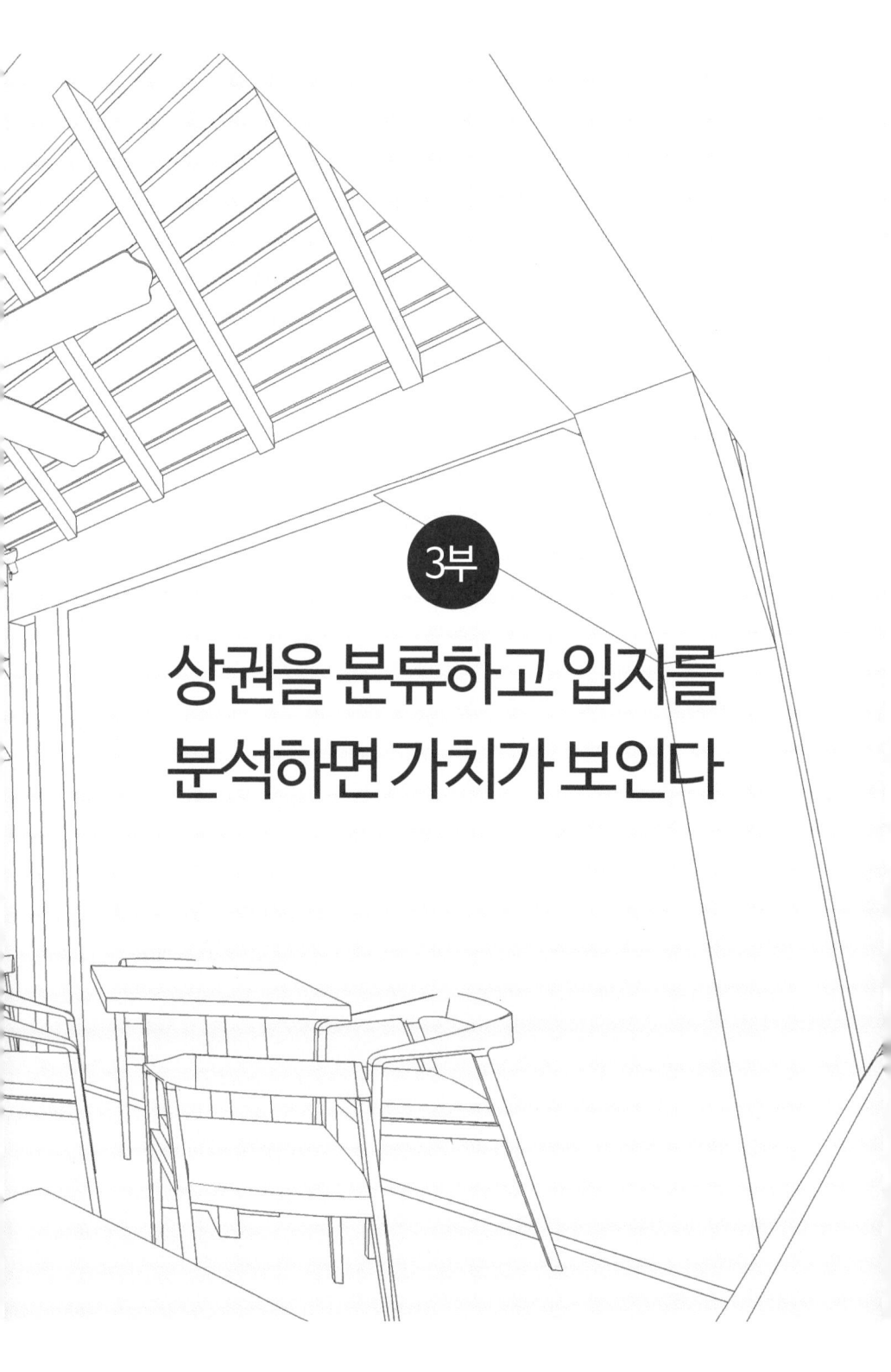

3부
상권을 분류하고 입지를 분석하면 가치가 보인다

상권, 입지, 콘텐츠경쟁력을 갖춘 알짜상가

"누가 봐도 탐을 낼만 한 알짜상가는 어디 있을까?"

그것도 10억 원 미만의 알짜상가, 이러한 알짜상가를 찾아내려면 상권경쟁력, 입지경쟁력, 콘텐츠경쟁력을 갖추고 있는가를 중심으로 살펴야 한다. 이른바 알짜상가로서 갖춰야 할 조건이다. 미인 대회에서 진선미를 갖춘 여성을 찾듯이 알짜상가로서 상권, 입지, 콘텐츠의 경쟁력을 갖추었다면 추천할 만한 물건으로 본다.

상권이란 상가가 모여 있는 지역을 일컫는다. 상권분석은 배후 세대와 유효수요가 핵심이다. 경쟁력 있는 상권은 먼저 탄탄한 배후세대가 받쳐주고 있는가가 가장 중요하다. 그리고 그 상권에서 소비하는 소비층의 소득수준이 높고, 특정 세대층이 집중되기보다 다양한 연령층의 소비 수요가 있는 배후세대가 형성되었다면 더욱 경쟁력은 올라간다. 이런 상권은 요일별 시간대별 이용하는 수요가 다양하기 때문에 업종이 다채롭고 매출이 안정적이라 상권의 활력도가 높다. 백화점과 같은 대형 집객시설이 들어와 있는 상권도 상권 활성화에 시너지를 낸다. 하지만 최근 생기고 있는 초대형 쇼핑몰인 스타필드나 판교현대백화점의 경우 소비 수요를 블랙홀처럼 빨아들여 인근 상권을 위축시킬 수 있다.

입지란 각각의 상권 안에 있는 건물의 위치를 말한다. 좀 더 자세히 말하면 그 건물 안에 있는 상가의 개별적 자리를 포함하여 입지라고 한다. 경쟁력 있는 입지는 입지의 3요소인 가시성, 접근성, 인지성이 뛰어난 곳을 가리킨다.

가시성은 상가가 눈에 잘 띄는 정도를 말하는데 입지의 최우선 조건이라 할 수 있다. 고객이 얼마나 쉽게 상가를 식별할 수 있느냐에 따라 매출에 중대한 영향을 끼치기 때문이다. 접근성은 고객이 차량이나 도보로 얼마나 상가에 쉽게 접근하여 이용할 수 있는가가 핵심이다. 배후 동선이나 역세권에 인접해 있는 점포가 유리한 이유이기도 하다. 인지성은 해당 점포를 기억하고 있어 점포의 위치를 알리거나 설명하기 용이한지가 판단의 기준이 된다. 이는 재방문율과 상관관계가 높기 때문에 중요하다.

콘텐츠란 업종을 말한다. 경쟁력 있는 콘텐츠는 정해져 있는 것이 아니라 시대에 따라 트렌드가 변한다. 현재 가장 경쟁력 있는 콘텐츠는 인건비 절감이라는 트렌드에 따른 무인 업종이다.

알짜상가가 갖추어야 할 세 가지 경쟁력 중에서 먼저 상권과 입지는 '공간'이라는 공통점이 있지만, 앞에서 말한 대로 그 정의가 서로 다르기 때문에 상권이 좋다고 입지까지 좋은 것은 아니다.

알짜상가의 세 가지 경쟁력

	내용
상권 경쟁력	• 상권 : 상가가 모여 있는 지역 • 경쟁력 있는 상권의 특징 : 배후세대, 유효 수요, 다양한 세대의 소비층, 대형 집객시설 보유 • 시간이 흐를수록 가치가 오르는 상권의 특징은 권리금이 서서히 오르면서 안정적인 임대 수익률은 안겨준다.
입지 경쟁력	• 입지 : 상권 안에 있는 개별적인 건물의 위치 • 경쟁력 있는 입지는 입지의 3요소 가시성, 접근성, 인지성을 갖춘 입지 • 가시성, 접근성, 인지성이 높은 입지가 A급 입지
콘텐츠 경쟁력	• 콘텐츠 : 트렌드를 반영한 업종 • 인건비 절감에 따른 무인업종이 현재 트렌디한 콘텐츠 • 트렌드를 반영한 콘텐츠에 임차인의 역량까지 뛰어난 업종이라면 상가의 가치를 더욱 높여줄 것이다.

 예를 들어 명동 상권을 살펴보자. 명동은 설명이 필요 없을 만큼 우리나라 대표적인 쇼핑 명소로 집객력이 뛰어난 상권이다. 그러나 입지를 살펴보면 다 좋은 입지라고 할 수는 없다.

 예를 들어 명동역 인근 가시성과 접근성이 높은 곳에 있는 상가와 한 블록 안으로 들어간 곳에 있는 상가는 임대료부터 압도적인 차이가 난다. 혹은 같은 건물에 있더라도 건물 입구에 위치한 전면 상가인지, 뒤

쪽의 위치한 후면 상가인지에 따라서도 다르다. 그러므로 같은 상권 내에서도 그 개별 상가의 입지에 따라 좋은 입지와 나쁜 입지가 존재한다.

하지만 상권과 입지를 따로 떨어뜨려 상가를 분석하기엔 어려운 점이 있어서 보통 상권분석을 할 때 입지분석까지 같이 다루어진다. 하나의 상권 안에 각각의 개별 입지들이 모여 그 상권을 이루고 있기 때문이다.

그렇다면 왜 상권과 입지를 분석하는 게 중요할까? 그것은 자신의

알짜상가 매입의 조건

1. 상권이 경쟁력을 지닌 곳, 즉 가치가 올라가는 상권에 투자해야 한다.
(1) 상권의 현재 위치는 어디인가(상승 vs 하락)를 파악하기
(2) 호재 – 배후 세대의 증가, 일자리의 신설
(3) 악재 – 초대형 상업시설의 등장(스타필드, 판교 현대백화점)
(4) 새로운 지하철역의 신설 빨대효과 수혜지역 vs 피해지역

2. 입지경쟁력, 즉 건물의 위치와 점포의 위치를 파악해야 한다.
(1) 1등 건물의 존재 파악하기
(2) 건물 내에서의 1등 점포 파악하기
(3) 접근성과 인지성 확인하기

3. 콘텐츠경쟁력
(1) 우량 임차인(대기업 임차인)
(2) 프랜차이즈 임차인
(3) 전문 업종 임차인
(4) 최근 유행하는 핫 아이템(무인업종)

상가에 임차할 임차인의 사업 성패와 중대한 관련이 있기 때문이다. 이 것은 곧 임대인의 임대 사업과도 직결되는 문제이므로 상권과 입지 분석은 무엇보다도 중요하다.

대형, 중형, 소형 상권의 특징

상권은 크기에 따라 대형 상권, 중형 상권, 소형 상권으로 구분할 수 있다. 이렇게 상권을 구분할 때 그 기준은 매출액이다.

대형 상권은 유동인구와 그곳을 찾는 방문자 수가 많은 곳이다. 서울에서는 명동과 강남을 꼽을 수 있다. 우리나라 어느 도시를 가든 대형 상권에는 반드시 유명 프랜차이즈 매장이 있다. 특히 스타벅스 같은 유명 프랜차이즈는 대형 상권 중에서도 초특급 자리나 통 건물 전체에 입점하는 유형이다. 대형 상권은 이미 포화상태인 데다 임대나 매매 가격대도 높게 책정된 경우가 대부분이다. 그래서 이미 대형 상권으로 자리매김한 곳에서는 적정 가격으로 상가를 매입하기가 쉽지 않다. 하지만 처음부터 포기하기엔 이르다. 종종 경매로 알짜배기 물건이 나올 때도 있기 때문이다.

중형 상권은 인근 지역 사람들이 찾아가는 곳을 말한다. 특히 1기 신도시 상권이 여기에 속한다. 대표적으로 범계역 상권, 산본역 상권을 꼽을 수 있다. 범계역 상권은 롯데백화점이 생기면서 더욱 활력을 받았는데 평촌역 상권까지 흡수하며 그 세력을 더욱 키워가고 있다.

산본역은 학생부터 주부, 직장인까지 전 세대가 어우러지며 전형적인 항아리 상권의 형태를 갖췄다. 항아리 상권이란 특정 지역에 상권이 한정되어 더 이상 상권이 팽창하지는 않지만, 소비자들이 다른 지역으로 빠져나가지도 않는 상권을 일컫는 말이다. 특히 로데오거리의 1층 상가는 산본에 사는 사람들이라면 거의 전 연령층이 즐겨 찾는 곳이다.

예전에 경기도 군포시 산본 신도시 중심 상권 도로 1층에 코너 상가가 경매에 나온 적이 있다. 경매 물건을 살펴보니 산본역을 따라 내려오는 메인도로에 위치한 점포로 신발판매점이 운영되고 있었다. 2010년 10월 12일 12억에 감정되어 1회 유찰을 거쳐 2회 차에서 1,167,130,000원에 낙찰되었다. 2등도 못내 아쉬웠는지 차순위신고를 하였다. 임차인으로 등재된 '애플신고메고'의 임대차신고는 되어 있지 않았다.

산본역 상권의 특징은 산본역 북단 구름다리를 따라 상권이 시작되는데 그 라인으로 이어지는 로데오거리의 1층 로드숍의 권리금은 황금라인으로 불린다. 1층 상가의 권리금도 평균 1억 5000만 원~2억 원 정도로 1층은 주로 의료, 이동통신, 화장품, 편집숍 등이 영업 중이다.

경매에 나온 이 물건의 위치는 로데오 거리에 있어 입지경쟁력이 우수하다. 가시성, 접근성, 인지성 3가지 조건을 두루 갖췄다 할 만하다. 대기업 임차인도 쉽게 유치할 수 있는 자리다. 이렇게 뛰어난 상권의 라인에 업종의 경쟁력까지 확보한 업체라면 매출에 더 날개를 달 수 있을 것이다. 안정된 상권에 높은 권리금을 잘 유지하고 있어 노후대비에 안성맞춤인 물건이다. 경매에서 보기 드물게 등장한 초우량 물건이다. 현

신도시 아파트 단지를 배후세대로 둔 산본역 상권 내 점포의 경매 정보.

장조사 결과 임대료는 보증금 7000~1억에 월 600~700만 원 수준이었다. 안정된 상권의 입지경쟁력이 뛰어난 상가는 언제든 매도가 가능하여 환금성이 높다. 경매로 우량한 물건을 만나기 어렵다고 하지만 기다리다 보면 충분히 만날 수 있음을 보여준 사례다.

이 물건은 36.27㎡(10평) 남짓한 상가였는데 12억 원이 넘는 금액에

산본역 상권 내에 있는 경매 물건의 위치를 지도에서 확인할 수 있다.

낙찰되었다. 이 지역 상권을 잘 모르는 투자자들이라도 12억 원이라는 낙찰가만으로 이미 지역 상권의 시세가 반영된 것을 짐작할 수 있다.

현장에 가서 확인한 경매 물건의 모습.

소형 상권은 '찾아가는 상권'은 아니지만 나름대로 규모를 갖춘 곳이다. 서울의 교대역 상권은 인근의 직장인들과 대학생들이 자주 찾는 곳이다. 규모는 작지만, 음식점과 카페들이 밀집해 있어서 시너지를 낼 수 있는 상권이다.

상권경쟁력을 갖춘 또는 상권을 찾아라

얼마 전 내 상가 투자 강의를 수강한 분이 일곱 번째 점포를 열었다고 알려 왔다. 불경기라고 아우성인 요즘 같은 시기에 망해가는 점포를 싼 가격에 인수해 인기 있는 가게로 탈바꿈시킨 것이다. 결국, 장사는 입지도 중요하지만 그 입지를 뛰어넘는 임차인의 수완도 하나의 콘텐츠경쟁력이 된다. 같은 자리지만 누가 들어가서 어떤 콘텐츠를 만들어 내느냐에 따라 결과물은 천지 차이다.

반면, 초기 자본으로 1억을 투자하고도 카페를 오픈했다가 1년도 안 되어 폐점을 결정한 지인도 있다. 1억이라는 돈은 평범한 월급쟁이가 쉽게 만들기 어려운 돈이다. 이 돈이 어디로 사라진 걸까? 폐업을 결정하기까지 가게 주인은 몇 번을 망설였을 것이다. 버티고 버티다가 지금 멈추는 것이 손실의 폭을 그나마 줄일 수 있다는 판단이 섰을 때 손을 들었을 것이다.

두 사람의 그런 차이가 어디서 오는 걸까? 내가 보기에 결정적으로 성공과 실패를 가른 이유가 상권 선택에 있다고 본다. 유망한 업종으로 가게를 열어도 상권 자체가 내림세를 보이는 곳이라면 아무리 싼 가격에 나온 상가라고 해도 나는 절대 권하지 않는다.

그렇다면 주변의 어떤 상권이 뜨고 지고 있는 것일까? 각 상권의 특징을 파악해 보면서 상권의 경쟁력을 가늠해 보자.

경쟁력이 죽어가고 있는 상권

최근 지는 상권의 대표적인 곳이 송파 상권이다. 옛 신천역(현재 잠실새내역)이나 문정동 로데오 거리는 한때 젊은 층이 즐겨 찾아 호황을 누렸다. 이 주변은 1만 가구 이상의 아파트가 있었고, 외부에서 찾아오는 젊은이들의 명소였다. 그러나 현재 이곳의 상권은 예전과 눈에 띌 만큼 달라졌다. 왜 이렇게 되었을까?

"여기가 솔직히 학교가 있습니까, 극장이 있습니까, 아무것도 없잖아요. 그러니까 애들이 롯데타워 쪽으로 다 빠져나간 거예요. 권리금만 1억 원이 넘던 때도 있었죠. 지금은 3000~5000만 원 사이예요."

인근 부동산 관계자에게 물어보니 한숨을 푹 쉬며 말했다. 놀이 문화가 약하니 놀이를 즐기는 주체자인 젊은 세대가 더 오지 않게 된 것이었다. 매출이 줄어들자 고육지책으로 권리금을 낮추었지만 새로운 임차인이 들어와도 1년을 버티지 못하고 나가는 일이 잦아졌다.

의류 상설 할인 매장이 있던 문정동 로데오 거리는 가든파이브와 대형 쇼핑몰 등이 들어서면서 사람들의 발길이 끊겼다. 유명 브랜드가 대거 빠져나가고 사람들도 이곳으로 쇼핑하러 오지 않는다. 주변에 먹을거리도 없고, 쉴 만한 공간도 없으니 편의시설이 더 잘 갖추어진 다른 곳으로 찾아가는 것이다. 사실 이곳도 처음 오픈했을 시기엔 아주 괜찮은 시장이었다. 상권 분석과 발품, 인터넷의 다양한 정보를 통해 알아볼 만큼 알아본 사람이 들어왔을 것이다. 바보가 아닌 이상 누가 망할 지역에 몇 억을 들여 창업하겠는가. 그들도 나름대로 될 만한 자리, 수익이 보장된 자리라고 생각했기에 투자했을 것이다.

그런데 1억 원 이상 하던 권리금이 절반 이하로 떨어졌고 임대 수요는 채워지지 않았다. 누구도 송파 상권이 지금과 같은 모습이 되리라곤 예상하지 못했을 것이다. 하지만 조금만 관심을 두고 있었더라도 주변 대형 상권의 영향으로 점차 경쟁력이 떨어지리라는 점을 예측할 수 있었을 것으로 생각한다.

부상하고 있는 상권

최근 뜨고 있는 상권의 대표적인 곳도 살펴보자.

한양대-왕십리역 상권은 4개의 지하철 노선을 이용할 수 있는 환승역으로 교통의 메카로 거듭났다. 유동 인구가 많아 자연스럽게 상권이 발달하고, 편의시절과 업무시설도 계속 늘어날 전망이라 환승역 주변에 투자자들의 이목이 쏠리고 있다.

왕십리역은 30~40대 직장인들에게 뛰어난 접근성과 편리한 교통 인프라를 자랑한다. 게다가 2호선, 5호선, 분당선, 중앙선에 경전철까지 추가로 들어오고 있어 가히 교통의 메카라 할 수 있다. 더불어 'ITX-청춘'도 왕십리역에 정차하는데 하루 8만여 명의 승객이 이용하고 있으며 앞으로도 행정, 교통, 상업의 중심지로 향후 발전가치가 무척 높은 곳이다. 왕십리 비트플렉스 쇼핑몰에 입점한 이마트, CGV 등 매장들이 뛰어난 집객력으로 유동인구를 꾸준히 늘려나가고 있다. 유동 인구도 20대부터 60대까지 폭넓은 세대와 다양한 직업군으로 형성되어 있어 그 소비력 또한 막강하다. 앞으로도 이 지역의 성장 동력은 상당 시간 유지될 것으로 보인다.

하지만 대개 도심 환승 역세권의 경우 시간이 지나면서 상권도 활성화되기 마련이지만 왕십리역 상권은 확장성에 한계를 가지고 있는 것으로 보인다. 그 이유는 왕십리역 일대 상권은 한 방향으로 치우쳐져 있는 특징 때문인데 이는 상권의 발달에 장애요인으로 작용하기 쉽다.

파주 운정 상권도 최근 부상하고 있는 상권이다. 운정에는 운정역을 중심으로 한 중심 상업지구가 있고, 떠오르는 4개의 상권이 주축을 이룬다.

첫 번째는 가람마을 상권이다. 가람마을에는 1만 400세대가 거주 중이다. 이곳은 인구 20만 명의 길목이 되는 가람마을에 독자적인 먹자 상권을 형성하고 있으며 야간 시간대의 유동 인구가 많다.

두 번째는 이마트가 있는 한울마을 상권이다. 반경 1km 내에 주거 세대 1만 3000세대가 포진하고 있으며 운정 신도시 내 가장 번화한 상

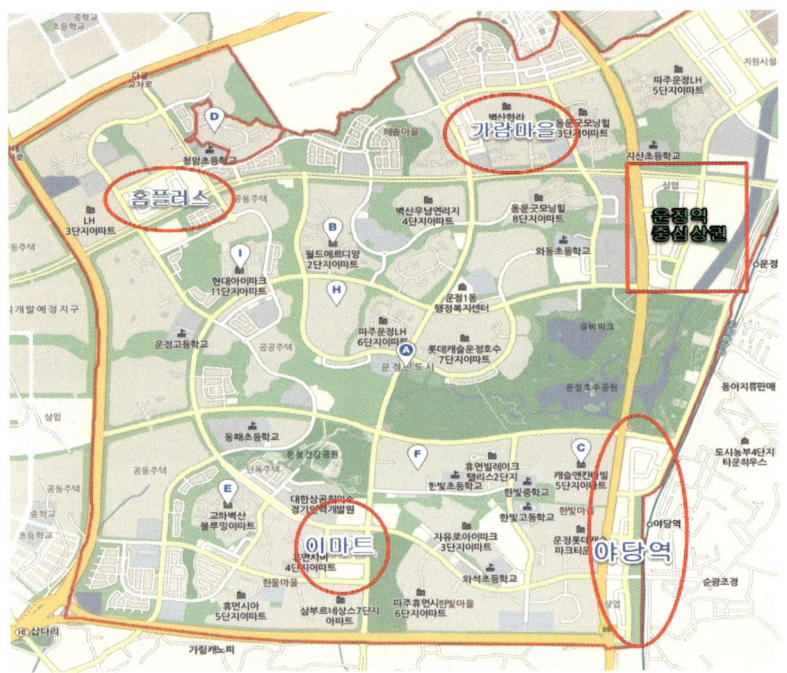

4개의 상권이 주축을 이루면서 역세권 파워를 잘 보여주는 파주 운정 상권.

권이다. 유명 프랜차이즈 및 각종 의료시설과 대기업 유명브랜드 업체들이 입점한 상태다. 향후 3호선 연장이라는 가능성이 있는 입지다.

 세 번째는 홈플러스 상권이다. 아파트 배후 세대와 상가 등으로 둘러싸인 항아리 상권의 형태를 띠고 있다. 향후 개발이 완료되면 주변 배후 세대를 기반으로 로데오거리가 활성화되고 교하지구와 인접하여 더욱 수요가 늘어날 것으로 보이는 입지다.

 네 번째는 야당역 상권이다. 2015년 10월에 개통하여 운정 신도시의 접근성을 높여주었다. 일자로 길게 늘어진 형태로 상업 시설과 업무시설로 나누어져 있다. 북측의 상업지역과 남측의 업무지역으로 구분된다. 야당역 상권의 개발은 여전히 진행 중이다. 개발속도는 더디지만, 서서히 변화하는 모습을 보이며 향후 역세권 상권의 파워를 보여줄 수 있는 위치다.

2016년 LH에서 교하지구와 운정1, 2지구에 분양을 했을 때 많은 사람은 운정1, 2지구에 더 많은 관심을 보였다.

"지도를 보니 교하지구가 운정3지구 안에 있는 모습인데 교하나 운정이나 다 같은 지역 아니에요?"

그러나 자세히 지도를 살펴보면 운정1, 2지구가 LG공장(LG디스플레이)에 접근하기가 더욱 좋다는 것을 알 수 있다. LG공장에서 근무하는 이들이 운정1, 2지구를 더욱더 선호할 만하다. 이런 이유로 교하와 운정1, 2지구에 LH 분양이 각각 있었을 때 운정1, 2지구가 더 인기를 끌었다.

약육강식(弱肉强食). 이것은 비단 자연에서만 일어나는 이치가 아니다. 교하지구가 가장 먼저 개발되어 발전 가능성을 보였다 할지라도 상황이 이렇다 보니 교하지구의 상권은 운정1, 2지구 상권에 밀려나는 지경에 이른다. 인구가 모이는 곳에는 자연스럽게 상권도 활성화된다. 하지만 아무리 급성장하던 교하 상권일지라도 그 옆에 더 크고 강력한 운정 상권이 들어오면 쇠퇴할 수밖에 없다. 2014년 이후 교하지구의 지상 상가 공실은 점점 느는 추세다. 큰 상권과 경쟁해서 이길 수 있는 작은 상권은 극히 드물다. 규모의 경쟁에서 밀리기 때문이다.

동시에 같은 운정상권 내에서도 새로운 상가주택단지가 조성되면서 기존 중심상권의 핵심점포들도 일부 이전하였다. 특히 상가주택 단

지에 유명 맛집이 대거 들어오면서 기존 중심상권의 집객력이 분산되는 결과를 가져왔다.

상권이 변화하는 것처럼 상권의 경쟁력도 고정되어 있지 않다. 뜨고 있는 상권이 잘나가다가도 주변에 대형 상권이 들어오면서 지는 상권으로 바뀔 수 있다는 것을 위 사례에서도 확인할 수 있었다. 그러므로 상가에 투자할 때는 현재의 상권만 볼 것이 아니라 향후 그 상권의 경쟁력을 위협하는 요소가 잠재해 있지는 않은지 면밀히 파악해 나가는 것이 중요하다.

변화하는 상권경쟁력을 예측하라

 그렇다면 무엇으로 상권경쟁력을 예측할 수 있을까? 어떤 시그널을 통해 상권이 저물고 뜨는 것을 미리 알 수 있다면 상권경쟁력을 파악할 때 중요한 팁이 될 수 있을 것이다.
 그 첫 번째 신호가 될 수 있는 것이 바로 권리금 변동이다. 홍대, 신촌, 명동, 대학로는 누구나 다 알고 있는 유명 상권이다. 이곳은 대형 상권으로 어느 정도 권리금 라인이 형성되어 있다. 권리금은 상권경쟁력을 살필 때 가장 중요한 요소다. 따라서 상권을 볼 때는 권리금의 변동 폭을 보는 것이 중요하다. 어떤 상권에서 권리금이 낮아지기 시작하면 상권이 무너지기 시작하는 징후로 볼 수 있다. 상권이 퇴화할 때 제일 먼저 권리금이 떨어지고 몇 년이 지난 후에야 임대료가 비로소 떨어진다.
 권리금이 낮아지자마자 임대료도 동시에 하락하는 것이 아니기 때문에 임대료를 제대로 받고 있다고 해서 방심해서는 안 된다. 그러는 사이 몇 년이 지나 상권이 점점 무너지고 그 후엔 걷잡을 수 없는 상황에 직면하게 되는 것이다. 결론적으로 권리금의 추이만 파악해도 이 상권이 지금 성장을 하는 곳인지, 퇴행하고 있는 곳인지 알 수 있다. 그래서 상권을 분석할 때 가장 직관적인 방법이 바로 현장에서 권리금 라인을 파악해 보는 것이다.

예전 프랜차이즈 담당자를 만나 그들이 상권 분석하는 방식을 들은 적이 있는데 그들은 어느 자리가 가장 권리금이 많은지를 파악한다고 한다. 권리금이 가장 높은 순서대로 파리바게뜨, 그 옆으로 배스킨라빈스가 붙고 그다음은 휴대폰 매장, 이디야 커피 등 이런 순서로 권리금에 따른 라인이 형성되는데 이것이 바로 상권의 핵심 라인이라는 것이다. 권리금은 이미 들어와 있는 업종을 역으로 추적해보면 오히려 간단하게 파악할 수 있다.

권리금의 변동과 더불어 살펴봐야 할 두 번째 신호는 배후 세대의 이동이다. 배후 세대는 아파트에 입주한 사람들이나 인근 직장에 다니는 사람들 그리고 소비를 위해 방문하는 사람들로 구성된다. 간혹 대기업 본사가 이전한 후 그곳으로 출퇴근하는 직장인 수요가 사라지면서 상권의 흥망성쇠에 지대한 영향을 미치기도 한다.

상권 내에 들어와서 실제 돈을 쓰는 사람들의 수준도 파악해야 한다. 예를 들어 최근 대학가 상권이 힘들어진 이유는 학생들의 소비력이 낮아진 데에 있다. 예전처럼 대학가에서 먹고 마시는 분위기는 이제 찾아볼 수 없다. 대부분 학생이 스펙 쌓기에 여념이 없음에도 실상은 취업의 문을 통과하기가 어렵기 때문이다. 이런 요인은 자연스럽게 대학가 상권을 바꾸어 놓았다.

그리고 배후 세대보다 상권이 지나치게 큰 경우도 있다. 대표적인 곳이 경기도 안산이다. 전체 용지를 100%로 놓고 각 용지가 차지하는 비율로 나누어 봤을 때 경기도 안산의 경우 상가를 넣을 수 있는 상업용지 비율이 12%를 차지한다. 보통 상업용지 비율은 한 자릿수인 7~8% 정도가 적당하게 여겨지는데 이 숫자도 상권의 경쟁력을 분석할 때 중요한 지표가 된다. 즉, 안산의 경우 상업용지가 배후세대보다 과도하게 큰 것이다. 상권을 이용하는 사람에 비해 상업용지가 과도하게 크다 보니 상업 용지 내에 불필요하게 너무 많은 건물이 들어서게 되고, 그러한 건물에 점포들이 다 채워지긴 쉽지 않았을 것이다. 설사 점포들로 다 채워진다고 해도 영업이익이 낮아 반복적으로 공실이 발생할 수밖에 없다. 이는 상권을 이용하는 유효수요에 비례해 점포의 수가 증가해야 한다는 것을 다시 한번 상기 시켜주는 대목이다.

근래 분양회사가 분양할 때 상업용지의 비율이 낮다는 점을 크게 부각한다. 디지털타임스의 2016년 8월 기사를 보면 신도시별 상업용지 비율은 5%대 미만이다. 김포 한강신도시 1.8%, 위례 신도시 1.9%, 판교 3%, 동탄 4.2%, 광교 4.5%를 유지하고, 1기 신도시 일산과 평촌이 7~8%대다. LH에서 토지를 분양할 때도 다른 용지와 비교해 상업용지를 가장 비싸게 매각하는데 상업용지 비율이 낮은 지역일수록 그 분양가는 더 높아진다.

하지만 자세히 살펴보면 실제 업무용지 안에도 상업시설을 지을 수 있어, 단순 상업용지의 낮은 비율만 가지고 비교한다는 것은 무의미하다. 주택용지에도 근린생활시설이 들어올 수 있고 준주거지역에도 상가가 들어올 수 있다. 즉, 업무용지 안에도 숨어 있는 실제적인 상가용지가 제법 된다는 것이다. 게다가 대규모 공원이 들어오게 되면 녹지비율이 올라가 상대적으로 상업용지의 비율이 낮아진다. 그러므로 신도시의 상권의 경우 상업용지 비율만 가지고 평가하는 것은 큰 의미가 없다.

세 번째 신호는 초대형 백화점이나 복합쇼핑몰의 진출이다. 단순히 옷가게 하나, 음식점 하나 개별적으로 생기는 것이 아니라 복합쇼핑몰이 들어서게 되면 주변 상권에 커다란 영향을 미친다.

이런 복합쇼핑몰의 진출은 대부분의 소비 수요를 한 번에 충족시키기 때문에 기존 상권의 경쟁력을 기하급수적으로 떨어뜨린다. 이에 소상공인들은 별다른 대책 없이 휴업하거

백화점이나 복합쇼핑몰이 들어서면 지역 상권에 커다란 변화가 생긴다.

나 폐업하는 경우가 빈번해졌다. 그래서 몇 해 전부터 지자체에서는 지역 상권을 보호할 대책을 꾸준히 마련하고 대형 마트 의무 휴무일이나 영업 시간제한 등 상생 방안을 고민하고 있다.

그런 예로 대구에 '범어네거리'라는 대표적인 상권이 있다. 지자체의 '맨해튼 프로젝트'가 상권 활성화에 큰 도움을 준 사례다. 지역 경제 활성화의 한 방안으로 미국 뉴욕의 맨해튼처럼 사람들이 가고 싶은 거리를 만들겠다는 취지였다. 지금은 유동 인구가 많아지면서 '핫 플레이스'로 주목받고 있다. 이에 따라 주차 문제가 발생했는데 이 문제를 해결하려는 방안으로 한 아파트는 자주식 주차 공간을 만들었다. 상가 내 주차 공간 확보는 상가 매출과 직결된다. 상권 활성화를 위해 지자체와 지역 주민 모두가 머리를 맞댄 결과로써 지금은 대구에서 최고의 상권으로 주목받고 있다.

상권경쟁력을 위해서는 중앙정부와 지방자치 단체의 노력이 뒷받침되어야 한다. 무너지는 상권이 경쟁력을 다시 찾기 위해서는 개인이 취할 수 있는 상권 분석과 노력도 중요하지만, 소상공인이나 자영업자에 대한 지원과 보호가 함께 일어나야 할 것이다.

이처럼 상권의 권리금 변동 추이와 배후 세대의 이동 그리고 대형 백화점이나 복합쇼핑몰의 진출만으로도 해당 상권의 경쟁력은 예측할 수 있다. 이런 요소들을 잘 파악해서 현재 상권이 저물고 있는 시점인지 부상하고 있는 시점인지를 잘 읽어 낼 수 있어야 한다.

입지경쟁력으로
노출을 확보하라

입지는 가시성, 접근성, 인지성의 정도에 따라 A급, B급, C급으로 나눌 수 있다. A급 입지는 가시성, 접근성, 인지성 즉 입지의 3요소 모두 뛰어나다. 보통 시내 중심의 중앙 도로 주변, 상권의 입구, 중심 상가가 있는 사거리에 있다. B급 입지는 A급에 비하면 입지의 3요소가 조금씩 떨어지는 곳으로 이면도로 라인, 치킨집이나 선술집, 음식점들이 주로 포진해 있다. C급은 가시성, 접근성, 인지성이 모두 떨어지는 위치로 이면도로 중에서도 노출이 쉽지 않으며 권리금도 없는 상가가 대부분이다.

입지의 3요소

가시성
접근성
인지성

상가 투자 강의를 할 때 이렇게 설명하면 누구나 고개를 끄덕이며 유명 상권이나 뜨는 상권에 있는 A급 입지 알짜상가에 관심을 가질 것 같지만, 막상 자신이 투자자가 되면 그렇지 않다. 실제로 매입하는 사례를 보면 오히려 지는 상권에 있는 B급이나 C급 입지의 물건을 덜컥 결정해버리는 투자자들도 더러 있다. 왜 그럴까? 주변 지인의 이런 행동이 궁금해서 한번 물어보았다.

"이 상권은 그다지 전망이 좋다고 볼 수 없는데 이 상권에 상가를 매입하신 이유가 있나요?"
"다른 뜻은 없고요, 일단 싸잖아요."
너무나 당연하다는 듯 말해서 오히려 내가 놀랐을 정도다. 사람들이 조건이 나쁜 상가를 사는 가장 큰 이유는 '싸다'는 것 하나였다.
"아, 네. 싸게 사는 게 나쁘진 않지만 정말 이유가 그게 전부에요?"
"아니 뭐…… 나중에 더 오를 수도 있을 것 같아서요."
그럴 수도 있겠지만, 더 오를 상가를 사고 싶다면 상권을 먼저 봤어야 했다. 비싸더라도 좋은 상권에 있는 상가가 더 많이 오를 것이기 때문이다. 우리가 투자하는 기본 목적을 생각해보자. 우리가 투자하는 이유는 돈을 벌기 위해서다. 무조건 싸기 때문에 산다? 투자의 목적에서 볼 때 다시 생각해볼 문제다. 싸게 사는 것이 의미가 있을 때는 그 물건이 상권을 뛰어넘는 좋은 조건을 내재할 때뿐이다.
"누가 A급 상권이 좋은지 몰라서 안 사나요? 비싸서 못 사는 거잖아요!"

이런 반론도 가능하다. 그러나 비싼 데에는 다 이유가 있다. 현재 자신이 동원할 수 있는 자금 한도 내에서 정말 좋은 물건을 발견했다면, 주변보다 더 비싼 비용을 내는 것을 아까워하지 말아야 한다. 좋은 상권에 입지 3요소를 모두 갖춘 A급 상가일수록 다른 상가보다는 비싸고, 또 비싼 만큼 그 가격에 미래 가치가 반영되어 있다는 것을 간과하지 말아야 한다.

상가는 미래에 대한 시간의 가치를 알아보고 그것에 대한 값을 치르는 것이다. 부동산 매매는 현물을 사고파는 것 같지만, 실상은 구매 시점부터 미래의 시간과 가치에 투자하는 것이다. 다시 말해 내가 진짜 투자한 대상은 상가라는 부동산이 아니라 시간이 흐를수록 올라가는 가치라고도 할 수 있다.

입지에 따른 간판효과

나는 휴일에도 산책 삼아 동네를 어슬렁어슬렁 돌아다니다가 눈에 띄는 상가가 있으면 들어가 본다. 새로 생긴 맛집을 가도 그곳의 상권과 입지가 어떠한지 이곳저곳 두루 살펴본다. 이런 습관이 쌓이다 보니 상가에 대해 보는 눈이 달라지고 투자의 기회도 훨씬 많이 포착하게 되었다.

예전 살던 동네에 주꾸미 식당이 있었는데 입맛에 맞아 자주 찾았던 곳이었다. 그런데 놀랍게도 그 식당이 경매로 나오게 되었다. 맛도 괜찮아 손님도 제법 많았는데 장사를 그만둘 위기에 처한 것이다. 경매

투자자라면 자신이 투자하려는 상가의 상권과 입지에 관심을 두고 꾸준히 관찰해야 한다.

가 진행될 때 방문해 보니 문을 닫고 아예 영업하지 않았다.

'더는 주꾸미를 먹지 못하겠구나' 하는 아쉬운 마음을 달래며 주변을 둘러보았다. 그런데 식당 위치가 이른바 '먹통상가'였다. 먹통상가란 바깥과 연결된 창문이 없는 상가를 말한다. 사실 여기로 식사하러 올 때면 주로 엘리베이터를 이용했는데 엘리베이터를 나오자마자 바로 식당의 출입문과 연결되어 있어서 복도를 지나칠 기회가 없었다. 그래서 식당이 먹통상가인 것을 전혀 눈치채지 못했다.

식당이 건물의 가운데 있다 보니 외부와 통하는 창문이 없었다. 당연히 빛과 환기에 문제가 생긴다. 신선한 외부의 공기와 따듯한 자연채광은 사람들의 방문 빈도와 관련해서 무척 중요한 요소이기 때문에 이런 부분을 간과해서는 안 된다.

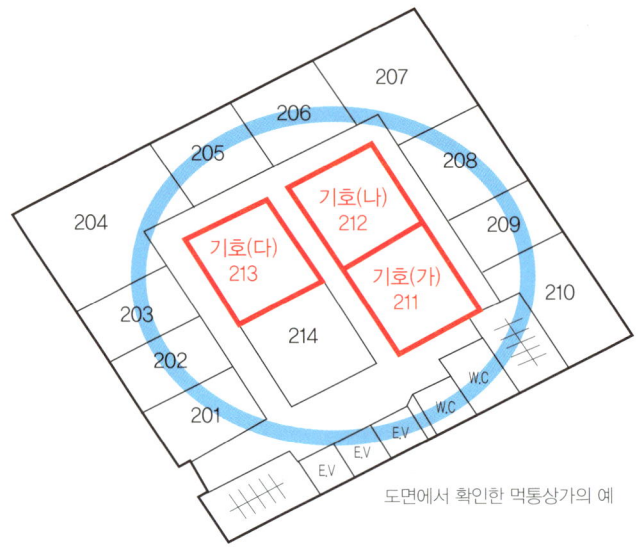

도면에서 확인한 먹통상가의 예

이런 먹통상가에서 무엇보다 가장 큰 문제는 간판 자리의 미확보다.

간판도 상가의 가시성을 높이는 중요한 요소다. 간판은 홍보와 직결된 부분이다 보니 장사를 해본 사람들이라면 간판의 위치가 얼마나 중요한지 잘 알 것이다. 상가 간판은 전면과 측면만 확보가 된다. 이런 위치에 있는 상가는 간판을 거는 위치도 불리한 데다 후면 상가 임차인의 경우 간판을 달려면 별도의 비용을 지급해야 한다.

자신이 장사를 한다면, 자신이 사는 동네 상가에서 어느 점포를 1등으로 손꼽겠는가? 어느 자리의 임대료가 제일 비쌀까? 이 점포에는 어떤 업종을 넣어야 할까? 이 점포와는 전혀 어울릴 것 같지 않은 업종인데 잘 되는 요인은 무엇일까?

상가를 볼 때마다 이렇게 스스로 질문을 던지며 답을 찾아가는 연습을 반복해보아야 한다. 우리는 모든 지역에서 일어나는 상권의 변화를 파악할 순 없다. 그러니 자신이 거주하는 지역만이라도 예의주시하면서 상권의 변화 추이를 쌓아가면 전문가의 정보력 못지않은 자기만의 데이터가 쌓일 것이다.

피해야 할 상권과 적극적으로 반겨야 할 입지를 미리 염두에 두고 자기에게 맞는 조건을 하나씩 찾아가다 보면 우리가 투자해야 할 물건은 뚜렷하게 보이기 시작할 것이다. 시간을 갖고 자신이 투자하려는 상가의 상권과 입지를 꾸준히 관찰해보자. 그러다 보면 차츰 물건을 제대로 보는 안목이 생긴다. 충분한 준비가 되었다면 언제든 기회를 잡을 수 있다.

서울휘의 콕 집어주는 센스 TIP

상가와 노출

상가의 기본은 노출이다. 경매에서도 전면 상가가 4억 원에 낙찰되었다면 후면 상가는 1억 5000만 원 정도면 낙찰받을 수 있다. 코너 자리이거나 사람들의 왕래가 잦아서 쉽게 인지되는 상가가 입지경쟁력이 높은 상가다. 같은 1층 상가라도 전면 노출이 가능한 전면 상가가 경쟁력이 높고 접근성이 뛰어나다. 후면 상가는 광고판을 달지 못할뿐더러 빛도 잘 들지 않고 사람들에게 인지되는 경향도 적어 매출에도 직접적인 영향을 끼친다.

입지경쟁력을 갖춘
알짜상가

입지경쟁력이 뛰어난 상가의 장래는 밝다. 다른 경쟁력에 비해 입지 하나만으로 투자를 결정할 수 있을 만큼 중요한 요소다. 경매에 나온 사례를 살펴보면서 상가에 투자할 때 살펴봐야 하는 상권, 입지, 콘텐츠(업종)경쟁력을 중심으로 물건을 분석해보자.

합정역 편의점 1층 상가

  이 물건은 합정역에 나온 편의점 자리다. 지하철 2호선 합정역 4번 출구 바로 앞에 위치한 오피스텔 1층 상가로 CU가 영업 중이었다. 전용 51.35㎡(15.53평)로 편의점을 하기에 적합한 면적이었다. 이 물건의 감정가는 650,000,000원으로 홍대 인근의 대로변 1층 상가와 비교하면 제법 저렴한 편이다. CU 본사에서 직영으로 운영하며 보증금 5000

경매로 나온 합정역 바로 앞의 편의점 경매 정보

만 원, 월세 295만 원으로 임대료가 신고되었다.

합정역 바로 앞에 있는 역세권 오피스텔 1층 점포라 희소성이 높아 보인다. 오피스텔에 거주하는 기본수요와 지하철역을 이용하며 편의점

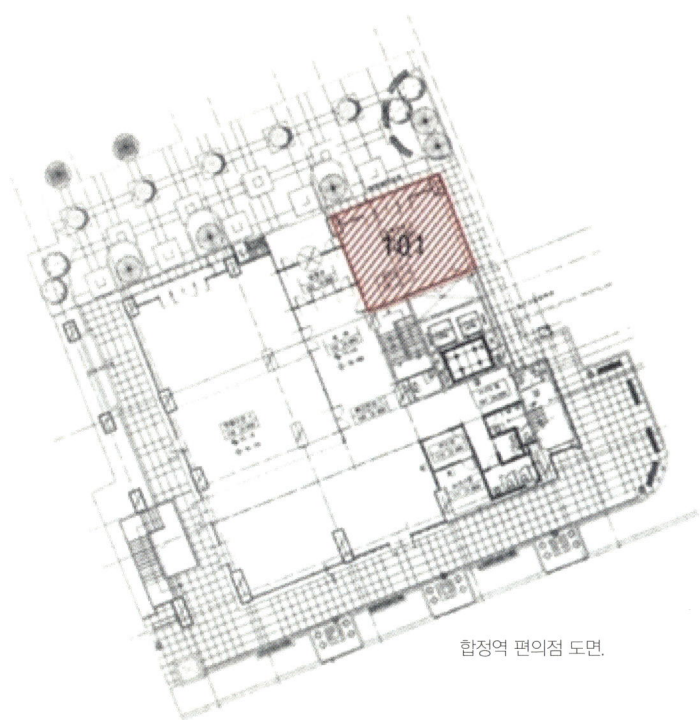

합정역 편의점 도면.

지도에서 찾아본 경매 물건 위치.

합정역 편의점 주변 모습.

을 들르는 수요를 동시에 잡을 수 있는 곳에 있어서 입지경쟁력으로는 매우 우수했다.

근래 편의점은 막강한 콘텐츠경쟁력을 확보하고 있어 임대사업을 꿈꾸는 투자자에게 인기가 높다. 홍대 상권이 아니면 어쩌랴. 안정적인 매출을 올리고 있는 편의점이라면 노후대비 물건을 찾는 사람에게 안성맞춤이 될 것이다. 자기의 점포에서 직접 편의점을 경영하는 것을 꿈꾸는 사람이 있다면 추천할 만한 물건이다.

파주 치과의원

이 물건은 파주시 금릉역 인근 금촌 상권 로데오거리 라인에 있던 상가다. 이 점포가 입점한 라인이 이 상권의 핵심이다. 아파트 단지 내에서 구름다리를 통해 상권에 진입하는 첫 번째 건물 3층에 있다.

2010년 3월 390,000,000원의 감정가로 시작되어 1회 유찰되고 312,770,000원에 낙찰되었다. 당시 한빛치과가 운영하고 있었으며 임대료는 보증

지도에서 확인한 파주 치과의원 위치.

금 3000만 원, 월세 85만 원에 신고되었다.

임차인현황 (말소기준권리 : 2007.04.19 / 배당요구종기일 : 2010.02.08)						
임차인	점유부분	전입/확정/배당	보증금/차임	대항력	배당예상금액	기타
신재현	점포 전부 (한빛치과)	사업자등록: 2005.04.20 확 정 일: 2009.11.23 배당요구일: 2010.01.19	보30,000,000원 월50,000원 환산11,500만원	있음	배당순위있음	현황조사서상 채임:월8 0만원
임차인분석 ▶ 매수인에게 대항할 수 있는 임차인 있으며, 보증금이 전액 변제되지 아니하면 잔액을 매수인이 인수함						

파주 치과의원의 임대료 현황.

　임차인은 금릉역 상권의 1등 건물 3층에서 운영하는 치과의원이다. 3층은 메디컬 층으로 소아청소년과, 이비인후과, 한의원 치과 등이 모여 운영하며 서로 시너지효과를 보고 있었다. 인근 시세를 파악해보니 150만 원 수준이나 신고된 임대료는 절반 정도밖에 되지 않는다. 조사해본 결과 건물주의 친인척이 임대하고 있어 임대료가 저렴하게 책정되었다고 한다.

　이 상권은 주변의 1만 5000세대를 배후세대로 두고 있어 1층과 주동선에 위치한 핵심 건물에 입점한 점포들은 공실 없이 잘 운영되고 있었다. 하지만 그 외 다른 건물의 지상층 곳곳에는 공실이 많았다.

　이 상권에 있는 로데오 거리의 특징은 도로 폭이 좁다는 것이다. 오가는 사람들로 붐비는데 도로 폭은 10m밖에 되지 않아서 지나가는 사람들끼리 부딪치지 않으려고 몸을 피해야 할 정도였다. 도로 폭이 좁은 상권의 경우 2층 이상의 지상층 상가는 사람들의 시선을 끌기 어렵다. 오가는 사람들이 많아 1층 상가는 늘 북적이지만, 상대적으로 지상층은 노출이 안 되기 때문이다.

　이렇게 되면 지상층에 임차한 업종에 변화가 생긴다. 그 변화는 마사지숍, 바(BAR) 같은 업종들이 들어오면서 상권의 경쟁력을 떨어뜨리는

파주 치과의원의 낙찰 전 모습.

파주 치과의원의 낙찰 후 모습.

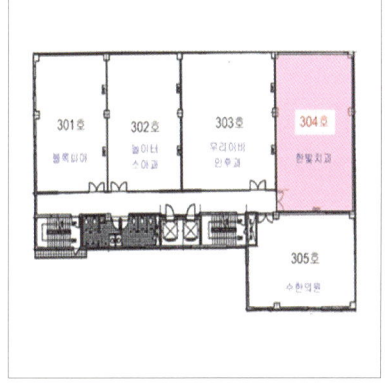
파주 치과의원이 있는 3층 상가 도면.

파주 치과의원이 있는 상권의 모습.

것으로 나타난다. 이 물건이 있는 곳의 상권경쟁력은 성장에서 이제 막 성숙의 단계로 진입한 상태였다. 다소 상권경쟁력에서는 떨어지지만, 입지경쟁력 면에서는 어느 물건보다 추천할 만했다.

 사실 상가 투자를 할 때 상권, 입지, 콘텐츠 이 세 가지 경쟁력이 모두 우수하면 이상적이지만 한 가지 경쟁력이라도 확보된다면 충분히 유망 투자 상품이 될 수 있다.

이런 이유로 이 물건은 노후대비 안성맞춤 물건으로 보인다. 일반적일 때 지상 상가에 투자할 때는 공실의 위험을 잘 따져봐야 하지만 이 물건은 입지경쟁력에서 매우 우수하게 평가할 수 있어 임차인 구하기는 어렵지 않을 것이다. 낙찰 이후 상황을 다시 살펴보니 다른 치과병원으로 빠르게 교체되었다. 치과를 몇 개 낙찰받아 운영을 해보니 병원이 들어올 만한 자리로 어디가 마땅한지 가늠할 수 있는데 이런 자리는 경매에 쉽게 등장하지 않는다. 성장이 멈춘 상권의 입지경쟁력을 확보한 1등 건물이라면 지상층도 적극적으로 공략해야 함을 보여준 단적인 사례다.

덕양구 주상복합 1층 상가

이 물건은 경기도 고양시 덕양구 성사동 래미안휴레스트 아파트 남측 인근에 도로변에 위치한 19층 주상복합 1층의 점포다. 2~3층은 공실도 여럿 보이며 상가 관리상태가 좋지 않았다. 전용면적 40.95㎡(12.38평)로 미용실로 운영 중이며 보증금 3000만 원에 월 임대료 197만 원으로 신고했다. 감정가 379,000,000원 나와 1차에서 505,999,999원, 감정가 대비 133.61%에 낙찰되었다. 상가경매에서 99명의 입찰자가 나온 건 이례적인 경우다.

배후세대를 살펴보니 북쪽으로 래미안휴레스트 아파트 1651세대, 원당 e편한세상 1,486세대의 대단지 아파트를 확보하고 있으며, 그 진

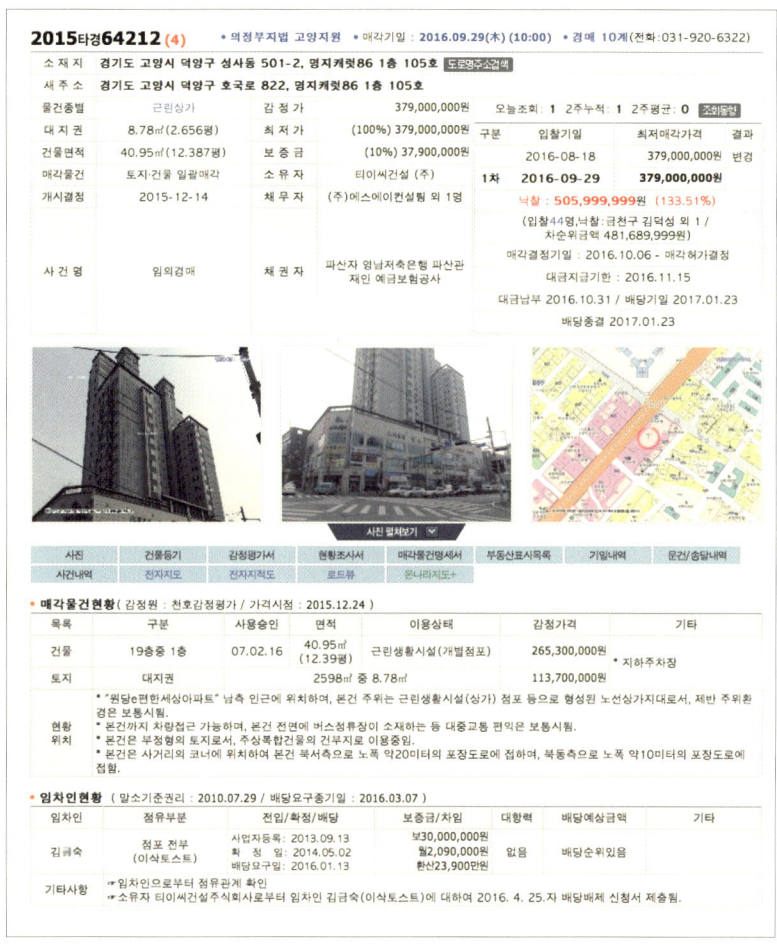

상가경매에서 99명의 입찰자가 참여했던 물건의 정보 자료.

입 도로변에 위치한 점포였다. 인근에 빌라와 같은 세대도 상당히 있고, 학생들과 젊은 층 인구가 많은 편이었다. 스타벅스가 건너편에 위치하며 이곳의 대로인 호국로를 중심으로 상권이 활기를 띠고 있었다.

이 물건과 같은 건물에 우리은행과 홈플러스 익스프레스가 입점해 있어 건물의 집객력이 우수했다. 동일 사건번호로 경매에 나온 여러 물건 중 1층에 있는 점포들만 경쟁력이 있어 보였다. 상가의 가치를 따지자면 상권경쟁력보다는 입지경쟁력이 더 큰 비중을 차지하는 물건이었다. 입지경쟁력을 놓고 보면 기다랗게 펼쳐진 상권의 특성상 도로변에 있는 1층 상가는 희소성이 있었다.

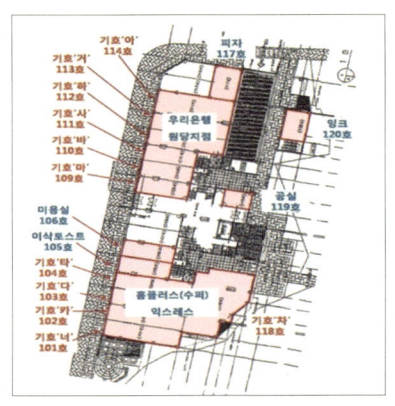
덕양구 성사동 상가 내 다양한 물건.

지도를 통해 상가 물건의 배후세대를 알 수 있다.

이 물건은 현재보다 미래가 기대되는 상가였다. 99명 입찰자 명단에 이름을 올렸지만 결국 낙찰에는 실패했다. 2번의 재계약, 그리고 4년 후 보증금 5000만 원, 월 250만 원을 만든다면, 최소 매매가 6억 원 정도는 충분히 받을 수 있는 물건이었다. 이런 목표가 있었다면 5억 원이 넘는 낙찰가도 전혀 이해가 가지 않는 것은 아니다.

현장 조사를 하며 같은 건물 내 '국수나무'가 매출이 상당히 높다는 것과 인근의 분식 관련 업종이 장사가 잘 된다는 것을 알았다. 현재의 임차인보다는 탄탄한 아파트와 빌라의 배후세대의 특성을 살리면서 가성비 좋은 분식업종을 넣는다면 괜찮은 매출이 예상되었다. 즉, 콘텐츠경쟁력을 업그레이드시킨다면 현재보다 높은 매출을 충분히 기대할 만했다.

1층 상가의 안정적인 임대사업을 원하는 사람이나 창업을 하고자 하는 사람에게 적합한 물건이었다. 99명의 경쟁자는 괜히 나온 게 아니었을 것이다.

원당시장 초입의 물건

이 물건은 경기도 고양시 덕양구 성사동 원당시장 초입에서 '동해수산'을 운영하던 점포인데 경매로 나왔다.

2017년 4월 12일 감정가 265,000,000원에 경매에 나와 1차에서 44명의 입찰자가 응찰하여 최고가 921,000,000원이라는 감정가의 347.55%로 낙찰되었다. 감정가 대비 3배 이상의 높은 낙찰가다. 경매 물건 주변은 재래시장을 중심으로 한 상가 밀집지역으로 연립주택단지, 근린생활시설, 관공서, 금융기관 등이 혼재해 있었다.

이 물건의 말소기준등기는 2015년 11월 3일에 설정된 근저당이다. 강O덕, 강O호는 말소기준등기 이후 사업자등록을 한 상태여서 대항력이 없으므로 보증금을 매수인이 책임질 필요가 없다. 단, 전O덕은 말소기준등기 이전인 2009년 10월 7일에 사업자 등록을 한 상태이니 사실관계(점유)를 파악하여 1500만 원의 인수 여부를 따져 봐야 한다.

원당시장은 그간 꾸준한 매출을 유지해온 안정된 재래시장 상권이

전통시장 내에 있는 경매 물건의 정보.

다. 해당 물건 옆에 약 7~8평 정도로 불법 증축이 되었다. 횟집뿐 아니라 두부플러스와 순대국밥집이 영업하고 있었다. 예상 수익은 해당 호실(보증금 5000만 원, 월 300만 원 정도) + 불법증축 26.44㎡(보증금 2000만 원, 월 100~150만 원 정도) 두 개 합쳐서 해서 보증금 7000만 원, 월 임대료 400~450만 원 정도 받을 수 있을 것으로 보인다. 권리금은 최소 5000만~6000만 원 정도 형성되어 있다.

하지만 현재도 불법건축물에 대한 민원이 여러 번 들어간 상태다. 구청 담당자한테 문의한 결과, 강제철거를 하겠다는 명확한 의견을 표명했다. 결국, 낙찰받더라도 불법증축한 부분 때문에 원활한 영업을 하기는 힘들어 보였다. 불법증축 부분을 제외한다고 해도 분명 경쟁력 있는 물건이었다. 입지경쟁력에서 보자면 시장의 메인 코너 자리를 차지하고 있어서 어떤 업종이 들어와도 매출은 안정적으로 나올 것이다. 근래에도 이 자리는 인근 시장 사람들로부터 매매문의가 끊이지 않는 곳이라고 한다.

이 물건은 경매에서 보기 드문 우량 물건이다. 낙찰받는다면 높은 수익을 안겨주기에 적합한 물건이다. 이런 물건이 나올 때 적극적인 현장 조사로 정보를 빠르게 파악하고 입찰해보자.

불법증축 공간으로 인한 임대료 때문인지 9억 원이 넘는 높은 낙찰가가 나왔다. 결국, 경매는 취하되었지만, 눈에 보이는 현재 임대료만으로 낙찰가가 어떻게 형성될 수 있는지를 명확히 보여주는 사례다. 이런 경우 감정가와 낙찰가 중 낮은 금액인 감정가 대비 최대 80%밖에 대출을 일으키지 못해 실투자금이 많이 들어가게 된다.

금촌역 1층 상가

이 물건은 경기도 파주시 금촌동에 있는 근린시설이다.

2016년 9월 감정가 198,027,000원에 경매에 나와 1차에서 47명의 입찰자가 응찰하여 575,735,000원이라는 감정가의 290.74%로 낙찰

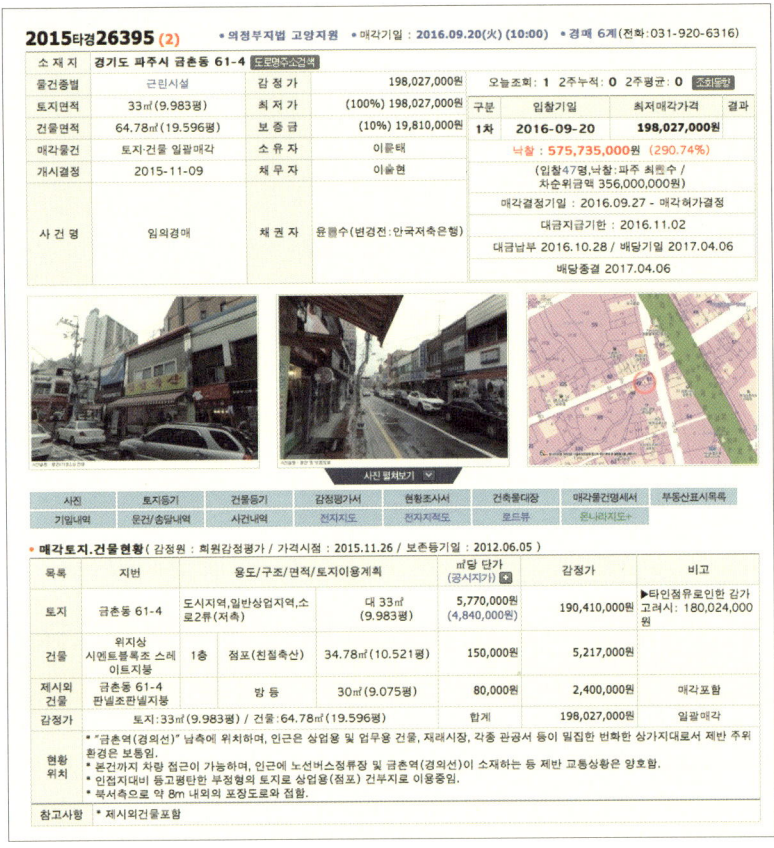

경매 입찰에 참여할 때는 물건의 권리분석을 꼼꼼하게 해야 한다.

되었다.

유동인구가 많은 상권의 주 동선에서 살짝 비켜난 곳으로 당시 임차인은 권리금 약 5000만 원에 들어와 축산업종을 운영하고 있었다.

임대 관계를 들여다보면 임차인 김○진 씨가 보증금 2000만 원, 월 99만 원에 1층 점포를 전부 쓰고 있음을 알 수 있으나 2층의 임대료 정보는 제공되지 않아서 알 수 없었다. 인근 중개업소에 임대시세를 확인해보니 1층은 약 150~200만 원 정도고 2층은 최소 30~50만 원을 받을 수 있는 것으로 파악되었다.

이 물건의 특이사항은 국유지를 건물이 일부 차지하고 있으나 불하받거나 사용료를 지급하고 사용하면 크게 문제 되지 않는다는 점이다.

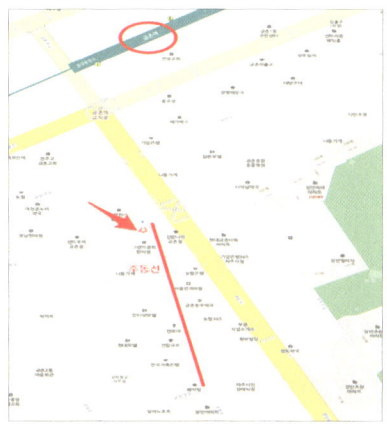

지도를 통해 파주시 금촌동 경매 물건의 주 동선을 파악할 수 있다.

파주시 금촌동 경매 물건의 전면 사진.

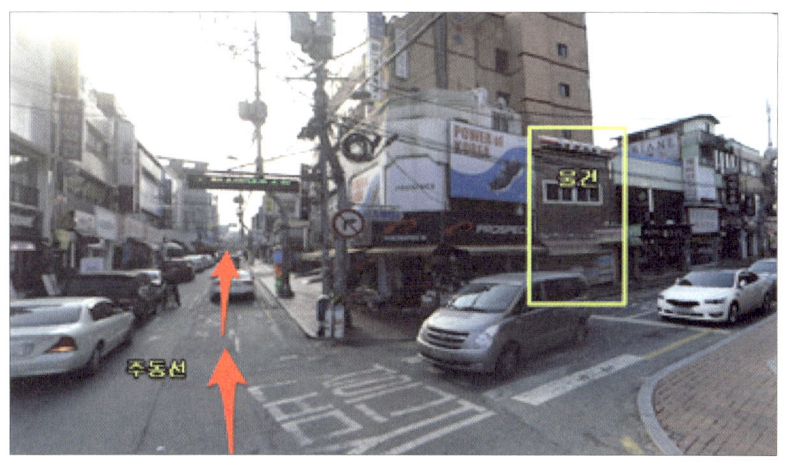

파주시 금촌동 경매 물건의 현장 사진.

파주 구도심 상권인 금촌역 일대 상권은 시청, 경찰서, 세무서 등 관공서가 인접한 지역상권이다. 오랫동안 금촌 상권의 핵심은 금촌역 맞은편 대로변 상권으로 자리매김했다. 재래시장과 함께 유명브랜드 스포츠 캐주얼과 화장품 매장 등 폭넓은 세대를 어우르는 업종들이 포진해 있다.

군부대가 인근에 많이 있어 군인들의 상권이용 비율도 굉장히 높은 편이다. 상권경쟁력은 오랜 기간 다져온 안정적인 매출과 유동인구, 배후세대가 탄탄하게 받쳐주고 있어 앞으로도 안정적인 매출이 예상된다.

이 물건의 입지경쟁력은 주 동선에서 살짝 안쪽으로 들어간 위치이나 가시성이나 인지성 면에서 나쁘지 않아 보였다. 현재 운영하는 축산업종보다 더 경쟁력 있는 업종으로 업그레이드한다면 최대 200만 원까지 임대료를 올릴 수 있는 가능성이 농후한 물건이었다.

이 물건은 예상 임대료를 고려했을 때 최대 4억 정도(보증금 5000만 원, 임대료 150만 원, 수익률 5.14%)의 물건으로 보인다.

현장 조사를 갔을 때 임차인은 자기의 임대상황을 너무 자세하게 이야기해 주어서 많은 입찰자가 예상되었다. 그래서 그런지 47명이라는 입찰자가 나왔고 예상보다 높은 금액에 낙찰되었다.

이런 부류의 물건은 상권도 괜찮아서 투자자 자신이 낙찰받아 장기적인 계획을 세워 창업하고자 하는 사람에게 적합하다. 상권은 안정적으로 성장하고, 주변 상권에 영향을 줄 변수들은 보이지 않아 노후대비 장기투자용으로 추천한 만한 물건이다.

경매에 뛰어들어 좋은 물건을 발견하기가 어렵다고 하지만 그래도 1년에 한두 개 정도는 경쟁력 있는 물건이 나온다. 그런 만큼 경매를 다양한 투자 중 하나로 두고 틈틈이 경매 사이트에 접속해 놓치는 물건이 없는지 살펴보는 습관을 들일 필요가 있다. 경쟁력 있는 물건은 신건에서 승부가 결정되기 때문에 자칫하면 놓치기 쉽기 때문이다.

유용한 상권 정보를 제공하는 사이트

서울휘의 콕 집어주는 센스 TIP

나이스 비즈 맵 NICEBIZMAP
중소기업청에서 무료로 운영하는 상권정보시스템과는 다르게 실제 매출액을 알 수 있다. 만약 내가 광화문의 어떤 자리에서 커피숍을 하려고 하는데 그곳이 어느 정도의 매출을 올리고 있는가는 가장 궁금한 부분이다. 그곳에 들어갔을 때 장사가 잘될 것인가, 안 될 것인가와 같은 문제뿐 아니라 어떤 연령층을 공략할 것인가 등을 알려면 자료만 보아서는 정확히 알 수 없다. 나이스 비즈 맵은 카드사의 자료를 사 온다. 돈을 주고 데이터를 수집하는 것이다. 보고서와 같은 빅데이터도 사 와서 판다. 돈을 내고 봐야 하므로 투자하는 사람보다는 창업하려는 분들이 많이 본다.

소상공인마당 상권정보시스템 sg.sbiz.or.kr
무료로 전국 상권에 대해 알고 싶다면 유용하다. 인구, 직업, 학교, 교통 등 업종별 상권분석 정보를 제공한다.

상가별로 알아보는
투자 키포인트

 상가의 상권과 입지, 그리고 업종에 따라 상가 투자의 성공 여부가 결정되기도 하지만 상가의 종류에 따라서도 그 흥망성쇠가 극명하게 갈린다. 우리가 주변에서 보는 상가라고 해서 모두 같은 상가가 아니다. 상가마다 배후세대나 유효수요가 모두 다르고 소비자가 아닌 투자자로서 바라보는 상가의 특징적인 요소들이 있다. 상가 종류에 따른 최근 트렌드를 반영한 투자 포인트를 짚어보고 그 흐름을 따라가 보자.

단지 내 상가

 단지 내 상가는 입주민들의 편의를 위해 단지 내에 지은 상가다. 예전부터 상가 투자를 시작할 때 큰 부담 없이 시도할 수 있는 수익형 상가로 유명하다. 안정적인 매출을 가져다줄 배후세대가 포진해 있다 보니 시간이 흘러도 안정적인 매출을 기대할 수 있고 상가 가치가 떨어질 일은 없다고 여겨지는 상품이었다. 입점 업종은 보통 필수업종인 부동산중개업소, 세탁소, 인테리어, 미용실, 슈퍼마켓들로 상가가 채워지고 아파트 세대의 안정적인 수요로 매출을 확보할 수 있었다.

하지만 지금은 상황이 많이 달라졌다. 부동산중개업소, 세탁소 외에는 이렇다 할 매출을 올리지 못한다. 그나마 초등학교와 인접한 단지 내 상가라면 문구점 정도는 버틸 만하다(문구점도 다이소 때문에 요즘 힘들다). 이렇듯 예전과 달리 이제는 단지 내 상가가 안정적인 수익을 기대할 수 없다. 이를 반영하듯 공실률도 높은 편이다.

그렇다면 왜 이런 변화가 일어난 것일까? 가장 큰 요인은 스마트폰을 활용한 배달, 택배 서비스의 편리함 때문이다. 단지 내 상가가 활성화될 수 있었던 가장 큰 이유는 상가에 입점한 마트의 역할이 컸다. 마트를 찾은 사람들이 다른 점포에도 들러 소비를 일으키니 상가에 활기가 돌았다. 그러나 요즘은 스마트폰으로 다 해결이 가능해졌다. 군이 직접 장을 보고 무거운 것을 들고 올 필요가 전혀 없다. 인근 대형 마트도 3만 원 이상이면 집에서 편안하게 물건을 받아볼 수 있다. 신선식품부터 아기용품에 이르기까지 클릭 몇 번으로 바로 배송되는 세상이다. 급하게 사야 할 물품이 아니라면 직접 마트에 갈 이유가 없는 것이다. 이런 이유로 단지 내 상가는 소비자의 발길이 줄어들면서 점점 그 매력을 잃고 있다.

근래 단지 내 상가에는 스몰 커피집이 추가되었다. 제법 잘되는 곳들도 있다. 주변 지인 중에는 자신이 사는 아파트 단지 내에서 이런 부류의 카페를 열고 싶어 하는 사람이 있었다. 자신이 사는 동네고 지인들도 꽤 있으니 카페 정도는 손쉽게 할 수 있으리라 생각하는 것 같았다. 그러나 단지 내 상가에서 카페를 한다는 것은 그리 녹록지 않은 일이다. 안정적인 수요가 있다고 하지만 자칫 그 수요 이상은 늘지 못하는 한계점이 될 수 있기 때문이다. 다만 카페의 출입구가 도로를 접하

노후 대비용으로 인기 있는 단지 내 상가의 경매 정보.

고 전면에 노출되어 있다면 사정은 그나마 낫다. 하지만 후면이기라도 하면 결코 지속적인 매출성장을 끌어올리기는 어려울 것이다. 단지 내 상가는 상권과 입지에서 태생적인 약점을 안고 있는 셈이다.

단지 내 상가가 경매로 나오는 경우 경쟁력을 확보한 물건도 더러 있다. 이 물건은 동안구 평촌동에 나온 현대아파트 단지 내 상가로 외부 도로를 접하고 있다. 공인중개소, 세탁소, 수학학원, 미용실 등 공실 없이 운영이 잘되는 단지 내 상가로 보인다. 임차인은 국민은행 ATM 기기가 들어와 운영 중이었다. 결국, 신건에서 7명이 경쟁하여 감정가의 115.8%에 낙찰되었다.

현장 조사를 가보니 단지 내 상가인데 권리금이 있었다. 단지 내 상가에 권리금이 존재하는 곳은 영업이 잘되는 곳이다. 임대료 수준은 보증금 3000만 원에 월 100만 원이다. 탄탄한 배후수요와 유동인구가 제법 되어 건물 전체 공실 없이 운영 중이다.

현재 임차인은 대기업 임차인인 국민은행이다. 하지만 근래 추이를 보면 스마트폰의 영향으로 은행이 운영해 온 ATM 기기를 계속 줄여나가고, 특히 은행 없이 ATM 기기만 운용하는 자동화 코너의 폐점을 늘리고 있다. 이 물건 역시 낙찰된 이후에는 임차인이 나간다고 했지만, 워낙 위치가 좋다 보니 공실 걱정은 할 필요가 없어 보인다.

좋은 입지에 있는 물건의 가장 큰 장점은 공실률이 낮다는 것으로 상가 투자에 있어서 크나큰 매력이다. 이런 물건은 단지 내 상가다 보니 상권경쟁력보다는 입지경쟁력을 더 살피는 게 중요하고 단지 쪽으로만 출입문이 있는 곳보다는 외부에서도 사람들의 유입이 가능한 점포에만 투자해야 한다.

1기 신도시의 특징상 상권의 구획정리가 다 되어 새로운 건물이 생기기 어렵다. 그래서 자리를 잘 잡은 상가는 재건축이 되는 그날까지 안정적으로 임대수익을 올릴 수 있다.

이 물건도 노후대비용으로 추천하기 좋은 물건이다. 낙찰 후 살펴보니 금 거래소가 운영되다가 지금은 인테리어 업체가 임대하여 사용 중이다. 임차인은 꾸준히 바뀌어도 막강한 입지경쟁력으로 이 상가의 가치는 꾸준히 상승 중이다. 이런 패턴의 점포라면 신건에서 과감한 입찰전략을 구사할 필요도 있어 보인다.

근린 상가

근린 상가는 거주지 가까운 곳에 있는 상가를 말한다. 상가 건물 내에 들어와 있는 업종을 살펴보면 우리 생활과 밀접한 관계가 있는 것들이다. 보통 5~8층 정도의 건물에 포진해 있는데 이 상가들은 주로 인근 배후세대 아파트단지가 매출에 중대한 영향을 미친다. 근린 상가에 주로 들어오는 업종으로는 커피숍, 약국, 병원, 학원, 휴대폰 대리점, 아이스크림 가게, 헬스장 등이 있다.

근린 상가 주변에 아파트단지나 주택가 등 배후 세대가 있어서 근린 상가에서 영업하는 임차인 입장에서도 어느 정도의 매출을 예상하고 사업을 시작한다.

　알짜상가의 주된 타깃도 근린 상가다. 근린 상가 상권의 영향을 기본적으로 살펴야겠지만 입지경쟁력이 가장 중요하다. 좋은 입지에 있는 건물은 그곳에 들어와 있는 임차인들의 조합도 상당히 중요한데 그 이유는 서로 시너지를 내며 상가에 활력을 불어넣기 때문이다.

　학원이 모여 있는 곳은 전문학원 건물로 분류하는데 1층에 분식집이나 빵집, 카페 등이 있다면 영업이 잘된다. 같은 학원층에서도 독서실 같은 업종이 함께 들어와 있으면 매출 상승에 도움이 된다.

　예전 엘리베이터가 없는 3층 건물의 2층을 낙찰받은 적이 있었다. 이 상가는 아파트 가까이에 있어서 상가 내에는 생활용품 판매점, 초등학생을 대상으로 한 학원, 교회, 문방구, 공인중개업소 등 여러 업종이 몰려 있었다. 공실이었던 상가를 낙찰받아 임대를 내놓았는데 입지도 좋고, 들어온 업종도 나쁘지 않다고 판단했다. 이 정도면 충분히 병원 유치를 할 수 있겠다고 판단이 들어 동분서주하며 병원 유치를 위해 뛰어다녔다. 그런데 한 가지 걸리는 것이 엘리베이터가 없다는 점이었다. 바로 이 점 때문에 몇 군데서 관심을 보였지만 최종 계약 단계에서 도장을 찍지 못했다.

　2층에 위치한 상가라 엘리베이터 없이도 충분히 영업할 수 있으리라고 생각했던 게 큰 오산이었다. 비록 2층이더라도 엘리베이터가 없는 병원은 사람들의 발길을 돌리게 한다는 것이다. 유모차를 끌고 오는 젊은 엄마가 많은 소아청소년과는 애초에 유치가 불가능하다. 입찰

당시에는 그리 중요한 문제라 여기지 못했지만 이렇듯 유치하려는 업종에까지 지대한 영향을 미치는 것이 바로 엘리베이터의 유무다. 실제 이 건물의 3층은 엘리베이터를 타지 않고 큰 불평불만 없이 다닐 수 있는 초등학생을 대상으로 한 학원업종으로만 채워져 있다는 것을 나중에서야 알게 되었다.

이 물건 이후 나는 엘리베이터가 없는 상가에는 좀 더 까다로운 잣대를 들어 평가하게 되었다. 근린상가는 아무리 작은 규모라도 엘리베이터가 존재하느냐에 따라(비록 분양가는 좀 더 오르겠지만) 입점하는 업종의 폭에도 상당히 큰 영향을 준다.

상가주택

상가주택을 매입할 때는 상권 변화의 영향력 내에 있는 곳인지를 살펴보는 게 가장 중요하다. 요즘은 상권이 확장하면서 주변의 다세대 빌라가 멋진 상가 건물로 탈바꿈하는 것을 심심찮게 보게 된다. 바로 이런 곳을 주목할 필요가 있다. 상가주택은 말 그대로 상가와 주택이 합쳐진 건물이다. 보통 1층이나 2층을 상가 혹은 사무실로 사용하고, 그 이상의 층은 주거용으로 사용한다. 여러 주택이 모인 곳에 소규모 상가가 들어가 있다고 생각하면 된다.

이처럼 상가주택은 건축비도 적게 들고, 활용도가 높다. 도시계획과 연결되어 새로운 설계가 가능하다. 번화한 도시 뒤편의 조용한 주택, 가까운 공원을 옆에 둔 새로운 주거지로 변신하면서 도시의 모습은 사람들의 생활 패턴에 따라 바뀌고 있다.

 최근 들어 상가주택의 이러한 변신은 임대시장에도 영향을 주고 있다. 예전에 빌라였던 상가주택이 지금은 상상도 못 할 임대 시세를 형성하고 있다. 홍대 인근 연남동의 변화를 보면 수긍할 수 있을 것이다. 예전에는 주차장 등 관련 법규 때문에 상가에서 주택으로 변경하기가 쉽지 않았다. 그러나 지금은 주택에서 상가로 변경하는 절차가 신고제로 간소화되어 더욱 이런 빌라의 변신은 지속할 것으로 보인다.

 상가 투자자라면 시시각각 변화의 흐름을 재빨리 파악해야 한다. 수익률보다는 업종의 변화를 관찰하고, 관련 법규가 어떻게 변화하는지도 알아야 상권의 큰 흐름을 놓치지 않는다.

스트리트형 상가

 상업시설이 대거 입주해 형성된 상가는 개성이 없다. 역세권이 아니면 장사가 안된다는 말도 옛말이 되었다. 최근 들어서는 그 지역 특성을 살린 문화와 경관을 기반으로 상권이 생기거나 확장하는 추세다.

 신사동 가로수 길은 패션과 디자인 등 문화적인 요소와 상권이 결합하면서 사람들의 발길이 끊이지 않는 곳이 되었다. 일반 사람부터 마니아층까지 두루 소화하는 다양한 의류 상점들, 프랜차이즈 카페보다 독특한 카페, 퓨전 스타일의 음식이나 인테리어 소품을 파는 가게까지 거리를 따라 다양한 상점이 이어져 있다. 이른바 스트리트형 상가다.

 가로수길 외에도 청담동 명품 거리, 경리단길, 양재천 카페거리로 불리는 메타세쿼이아 거리 등도 거리 고유의 특성을 살려 상권이 형성되었다. 이들 스트리트형 상가에는 공통점이 있는데 보통 특정 품목이 밀집해 있거나 가게마다 독특한 스토리가 있다. 쇼핑뿐 아니라 먹을거리와 문화 요소까지 갖추고 있어 체험의 공간으로도 찾는 이들이 늘고 자연스럽게 입소문이 나면서 젊은 층의 발길이 이어지고 있다.

양재천을 따라 3.5km 거리에 조성된 메타세쿼이아 거리에는 카페나 와인바 등이 모여 있다. 논현동은 감각적인 가구들과 인테리어 소품이 주를 이룬다. 청담 사거리는 대중화된 브랜드가 아니라 잘 알려지지 않았지만, 성공을 거둔 특정 상품들을 만나볼 수 있는 플래그십 스토어와 여러 브랜드를 모아 파는 편집 매장이 즐비하다.

최근 지어진 부산 W스퀘어는 69층의 아파트 단지로 구성되어 있으며 패션 스트리트, 대형 마트, 음식점, 문화 시설 등 스트리트형 상가가 입점한 주상복합 형태다. 수원 아이파크시티는 7천여 가구 내 거주민, 대형 교회, 삼성디지털시티 등이 있어 배후 수요가 엄청 크다. 또 수원 버스터미널이 있어 다양한 버스 노선이 지나가기 때문에 유동인구도 많다. 최근 트렌드를 잘 반영한 스트리트형 상가로 주변의 생태 하천과 어우러져 더욱 많은 사람이 오가는 곳이 되었다.

주상복합형 상가

주상복합형 상가는 주거공간과 상가가 함께 있는 건물을 말한다. 주상복합형 상가는 배후세대가 제한되어 있다 보니 외부에서 유입되어야 하는데 그것이 쉽지 않다. 경쟁력 있는 업종이 아니라면 상대적으로 근린상가보다 높은 임대료를 감당하기는 쉽지 않아 보인다.

경매에 등장하는 주상복합 상가도 분양가는 높기 때문에 이를 반영한 임대료도 만만치 않아 공실이 즐비하다. 배후 세대도 적고 아파트처럼 대규모 건축이 아니기 때문에 건축비도 많이 들어 분양가가 높아질 수밖에 없는 구조다. 주상복합 상가는 접근성이 뛰어나다는 장점이 있지만, 건물 내 동선이 좋은 편은 아니다. 게다가 관리비가 많이 나와 임차인들에게 부담으로 다가온다.

근래 들어 분당 정자동에 주상복합형 상가가 경매로 많이 나온다. 한때는 여성들이 선호하는 맛집으로 찾는 이가 많았으나 지금은 장기 공실로 방치된 상가도 여럿 있다. 가끔 나에게 주상복합 상가의 입찰 여부를 문의하는 지인들이 있다. 나는 그들에게 깔끔한 건물의 외관이 중요한 게 아니라 장사가 잘 될 수 있는 환경인지 꼼꼼하게 살피라고 조언한다. 주상복합 상가는 경쟁력이 점점 떨어지는 상품인 점을 들어 주의를 당부한다.

신도시 상가

신도시는 일산, 분당, 평촌, 산본처럼 서울과 가까운 외곽 도시를 일컫는다. 최근에 건설되는 신도시로 위례, 마곡, 하남과 더불어 세종시도 많은 사람의 관심을 끌고 있다. 하지만 분양 상가에 접근할 때는 신중해야 한다. 왜냐하면, 분양 상가는 그 상권 내에서 1등 건물의 상가나, 1층 상가 위주로 투자해야 공실의 리스크를 줄일 수 있다. 자칫 고분양으로 인한 눈물의 경매처분을 당할 수 있으니 주의해야 한다. 최근 이러한 분양 상가를 잘못 받은 케이스를 살펴보면 일정한 패턴을 띤다. 1층 상가를 알아보러 갔다가 어떤 이들은 지나치게 높은 가격에 구매를 주저 하기도 한다. 이때 상담직원은 2층 상가를 분양받으라고 권한다. 그런데 1층은 10평으로 어떤 업종이든 단독으로 유치할 수 있지만 2층으로 올라가게 되면 10평으로 임대를 줄 수 있는 업종의 수는 상당히 제한받게 된다.

얼마 전 마곡지구의 2층 상가 10평을 4억이나 주고 분양을 받았다는 분이 있었다. 그분은 분양업체에서 2층 상가 3개를 합쳐서 병원이 들어올 계획이라는 말에 서둘러 계약을 했다고 한다. 하지만 30평의 가격이 벌써 12억이다. 얼마의 임대료를 받아야 할까? 과연 2층 상가에서 병원은 임대료를 얼마나 낼 수 있을까?

이 상가의 또 다른 문제는 주인이 3명이기 때문에 어떤 결정을 내릴 때도 예상치 못한 변수가 생길 수 있다는 것이다. 공실의 기간이 길어져 원래 계획보다 임대료를 낮춰 내놓고 싶어도 누구 한 명이라도 반대하면 공실 탈출은 물거품이 되어버린다. 뭐 이런 부류의 이야기는 비단 분양 상가가 아니더라도 종종 들려오는 문제기도 하다. 단독으로 의사를 결정할 수 있는 상가라야 임대료 협상이나 매각할 때 빠르고 유연한 결정을 내릴 수 있을 것이다.

누군가 내게 신도시 상가 중 어디를 추천하겠느냐고 묻는다면 나는 주저없이 경기도에 있는 1기 신도시 중심상권의 상가를 추천할 것이다. 1기 신도시의 경우 향후 10년 동안은 대규모 개발이 없는 범위 내에서는 상권내 큰 변동이 없으리라는 점 등을 고려했기 때문이다. 이미 검증된 상권 내에서 비교적 비싸지 않은 가격으로 안정적인 매출을 올리는 점포들이 제법 많다. 그래서 이러한 곳에 경매로 나오는 물건이 있다면 더욱 관심을 가지고 살펴볼 필요가 있다.

단, 신도시 상가 중에서 하천을 끼고 짓는 수변 상가는 주의해야 한다. 특히 세종시와 김포시에서 흔히 볼 수 있는 상가 유형이기도 하다. 수변 상가의 경우 전망이 좋은 데 반해, 습기가 많고 악취가 생긴다는 고질적인 문제가 있다.

위에서 살펴본 바와 같이 상가 종류에 따라 투자 방법이나 주의해야 할 점이 각기 다르다.

한 가지 덧붙이자면 상가 종류와는 무관하게 나타나는 다양한 변수도 존재한다. 앞으로 상권의 흥망성쇠와 가장 밀접한 문제는 주차 문제가 될 것이다. 구도심 상가뿐만 아니라 신도시에 새로 지어진 상가도 주차장 부족 현상으로 상가를 이용하는 고객들의 방문율을 떨어뜨릴 수 있다. 편하게 접근하지 못한다면 고객들은 발길을 돌릴 것이다. 주차시설이 있다는 것만으로도 경쟁력 있는 상가가 될 수 있다는 것을 고려하자.

상권의 생애 주기를 파악하라

상권도 유기체와 비슷하여 생애주기를 가지고 움직인다. 어느 상권이든 태어나 성장하고 발전하다가 쇠퇴과정을 거친다. 즉 상권은 도입기, 성장기를 거쳐 장기간 횡보하는 안정기를 지나 하락기로 접어든다. 그 이후 다시 개발을 통해 거듭나는 과정을 거친다. 모든 상권의 흥망성쇠가 그 타임라인은 다르지만 공통적으로 이러한 과정을 겪는다.

도입기는 지역 내에 상권이 이제 막 형성되는 시기로 아파트 입주가 아직 제대로 이루어지지 않은 상태다. 상가는 아파트 입주보다 1~2년 정도 빠르게 지어지기 때문에 이 시기는 공실도 많고 상권이 아직 제대로 된 모습을 갖추지 못한다.

성장기는 이제 1층 상가의 입점이 어느 정도 마무리되고 일부 상가에 권리금이 형성되는 시기다. 이때는 상권에 활력이 돌고 유동 인구가 증가하는 게 눈에 띈다.

  근래 신도시에 생기는 상권을 보면 도입기에서 성장기에 도달하기까지 그 기간이 길어졌다. 2010년 이전에는 평균 5년이었던 데 반해 2010년 이후에는 7~8년 정도 걸리는 것으로 나타났다. 그 이유는 고분양가로 인해 높은 임대료가 형성되어 상권의 도입기에 높은 월세를 감당하며 들어오기가 어렵기 때문이다.

  도입기, 성장기를 거치는 동안 7~8년이라는 시간이 지나고 상권의 틀이 어느 정도 마무리되면 안정기에 접어든다. 이때가 상권이 정점으로 치달을 시기다. 안정적인 유동 인구의 주축과 구매력 있는 고객의 동선 파악, 권리금의 명확한 구성, 안정적인 단골을 확보한 상태다. 상권에 큰 변화나 치명적인 악재가 없는 한 안정기는 장기간 지속한다. 그러다가 상권의 확장으로 기존 상권이 약해지거나, 인근에 중심 상권이 새로 만들어지면서 주요 소비층을 빼앗기게 되면 기존 상권은 하락기에 접어든다. 대개 공실 상가가 많아지고 한 업종이 지속해서 자리 잡지 못하고 들어왔다가 나가기를 반복하는 시기다. 이때부터는 상권으로서의 명맥만 겨우 유지하고 있다고 볼 수 있다.

  상가에 투자할 때는 그 상권의 생애주기가 어디쯤 도달해 있는지를 확인해 볼 필요가 있다.

  상권의 생애주기를 파악하는 건 상가 투자의 기본이다. 새로운 사업을 시작하는 임차인들은 입지를 선정할 때 무척이나 신중하다. 자신들의 생사가 달린 문제이기에 절박한 심정으로 매달린다. 그러므로 상권에 닥친 호재와 악재가 앞으로 어떤 식으로 상권의 생애 주기 단계에 영향을 미칠 것인지를 분석해보아야 한다.

상가에 투자할 때는 유동 인구가 늘어나며 소비력이 강한 사람들이 모이는 곳을 집중적으로 찾아야지만 향후 상가의 가치가 커지게 된다. 적어도 임차인이 선호할 만한 곳, 장사하고 싶은 곳이 어디인지는 꾸준히 관심을 가져야 한다. 이는 상권의 생애주기와 밀접하게 연결되는 만큼 투자할 때 제대로 파악하고 있으면 상가 투자에서 실수를 줄일 수 있을 것이다.

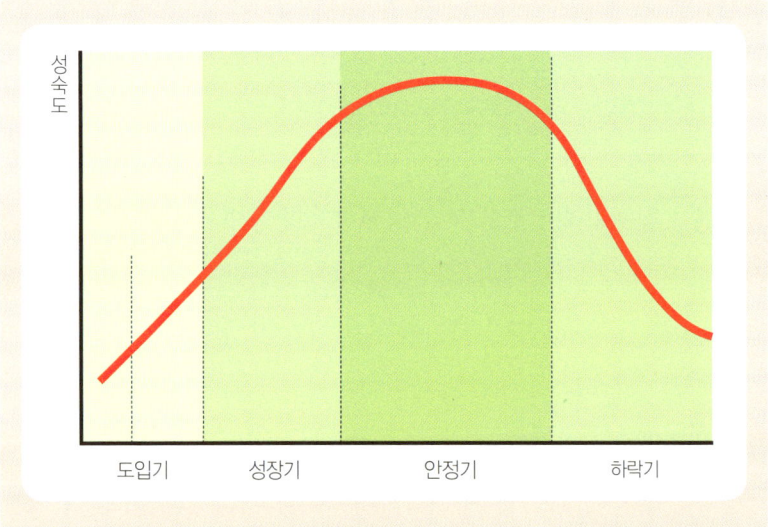

생애 주기

도입기: 상권 형성 시기, 공실 상가 많음
성장기: 1층 상가 위주로 입점 완성, 권리금이 형성되는 시기
안정기: 상권의 기틀이 잡히는 시기, 구매력 있는 고객 확보, 상권의 정점
하락기: 중심 상권의 이동이나 상권의 소멸, 공실 상가 증가, 업종의 변동이 잦아짐

유명 상권 변화의
조짐을 포착하라

최근 신촌 상권이 부활의 조짐을 보인다. 숙명여대 앞에서 음식점을 운영하는 지인이 있다. 얼마 전, 그가 신촌에 가게를 새롭게 열었다며 소식을 전한다. 신촌 상권은 대형 상권이긴 하지만 퇴락의 전조를 보인 지 오래되었다. 당연히 그가 왜 신촌으로 갔는지 궁금할 수밖에 없었다.

"왜 신촌으로 갔어요?"

"이제 바닥을 쳤으니 비상할 시기가 된 것 같아서요."

이미 여러 번 음식점 운영에 경험이 있는 지인이라 농담으로 하는 말은 아니었다. 그의 말에 따르자면 최근 신촌 상권의 권리금이 바닥을 쳤다는 소문에 장사 고수들이 재진입하고 있다는 것이다.

몇 해 전, 신촌 상권의 쇠락에 방아쇠 역할을 한 것은 홍대 상권의 확장과 연세대 제2 캠퍼스의 송도 이전이었다. 신촌은 상가의 매매가와 임대료에서 한때 강북 최고의 상권으로 위상을 떨친 적이 있었다. 하지만 한번 무너지기 시작하자 바닥을 모르고 곤두박질쳤다.

하지만 상권 내에 이 같은 변화가 있다고 해서 당장 타격이 오진 않는다. 단계별로 천천히 여파를 미치기 때문에 임대료 하락까지 오는 데는 몇 년의 시간이 걸리기도 한다.

상권이 하락하는 데에도 단계가 있다. 제일 먼저 시작된 것이 권리금이 내림세였다. 그다음엔 렌트 프리(무상 임차) 기간이 길어지고, 마지막 단계에 접어들면 임대료가 떨어진다. 렌트 프리란 단어 그대로 임대(rent)를 무료(free)로 하는 것을 말한다. 임대료 없이 관리비만 내고 일정 기간 사용하게 해주는 서비스 기간이다.

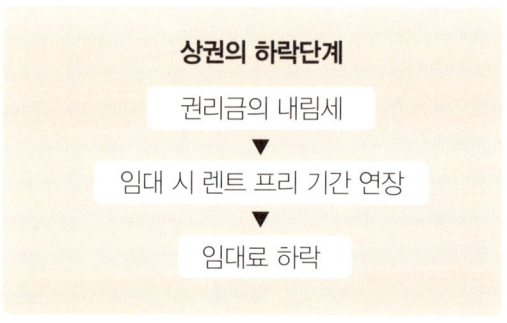

학원을 예를 들어 설명하자면 이렇다. 학원을 임대할 때, 개원과 함께 바로 원생 수가 늘 수는 없다. 그래서 계약할 때 보통 2~3개월 정도 임대료 없이 사용할 수 있도록 한다. 공실의 기간이 길어지는 사무실이나 상가에도 임차인을 적극적으로 유치하기 위해 이와 같은 렌트 프리를 계약 조건으로 두기도 한다.

최근 테헤란로, 여의도, 마포의 대형 빌딩에도 '렌트 프리 기간 제공'이라는 현수막이 걸린 것을 자주 볼 수 있다. 렌트 프리는 임대인 입장에서는 임대료 금액대는 낮추지 않고 임대를 맞출 수 있고, 새로 들어오는 임차인 입장에서는 몇 개월간이라도 임대료의 부담을 덜어주는 효과가 있다. 하지만 그 이면을 들여다보면 이 지역 상권이 임차인을 채우기가 쉽지 않은 곳임을 나타내고 있다. 일반적으로 렌트 프리 기간이 지나면 바로 다음 단계인 임대료 하향 국면이 기다린다고 보면 된다.

임대료 시세는 한 번 빠지면 회복이 어렵다는 특성이 있다. 개별성이 강한 상가라고 해도 상권이 무너지기 시작하면 그 큰 흐름을 거스르긴 어렵다. 10여 년 전부터 신촌 상권은 그 위상이 흔들리더니 권리금이 떨어졌다. 몇 년간 바닥을 다지며 침체 일로를 걸었다. 장사의 고수들이 이것을 놓칠 리 없다. 홍대 상권이 커지고, 임대료가 치솟자 장사의 고수들이 신촌 상권으로 발길을 돌린 것이다. 임대료 조건도 홍대 상권과 비교해 상대적으로 저렴하다.

이렇게 장사의 고수들이 하나둘씩 진입하다 보면 신촌 상권도 조만간 다시 살아날 것 같다. 그동안 홍대 상권이 폭발적으로 커지면서 꾸준히 성장했고, 반대로 신촌 상권은 추락하면서 꾸준히 하락하는 양상을 보였다. 하지만 추락하던 신촌 상권이 서서히 활기를 되찾는 것을 보면 세상에 고정불변한 것은 없음을 실감한다.

상권은 주변 요소에 따라 언제든 변할 수 있다는 사실을 잊지 말아야 한다. 그런 변화를 끊임없이 관찰하고 예의주시해야 한다.

신용카드 가맹점 수를 파악하라

최근 특별히 눈여겨보아야 할 곳은 판교와 하남, 고양이다. 이곳에 현대백화점과 스타필드와 같은 대형 쇼핑몰이 들어오면서 어떤 변화를 맞이할지 지켜봐야 할 것이다. 이런 대규모 상업 시설과 경쟁해야 하는 업종을 임차인으로 두고 있다면 매각을 진지하게 고려해보는 게 좋다. 인근에 대형 기반 시설이나 신규 아파트 건설 이슈 같은 주요 변화를 감지했다면 이런 경우 임대가 문제가 아니라 점진적으로 수요층의 이탈이 발생할 수 있으므로 매각 시점부터 고려해야 할 것이다.

상권은 움직이고 변화한다. 상권의 변화를 빠르게 감지하기 위해서는 남보다 한발 앞선 대처 능력을 키워야 한다. 상권의 변화를 남보다 빠르게 눈치채는 방법으로 나는 신용카드 가맹점 수를 점검한다. 가맹점 수의 증가는 유동 인구의 증가와 밀접한 연관이 있기 때문이다. 삼성카드의 빅데이터를 보면 최근 3년간 가맹점 수의 증감을 한눈에 알 수 있다.

가맹점 수의 증감을 통해 알 수 있는 특징적인 변화를 간략하게 살펴보면 첫째, 신용카드 사용횟수가 지하철 역세권을 중심으로 몰려 있다는 점이다. 이것만 보아도 역세권 상권과 비역세권 상권의 차이가 더욱 두드러진다. 특히 서울과 수도권은 거의 지하철 역세권이 상권의 중심이라고 볼 수 있다.

둘째, 근린 상권의 진화다. 생활권과 상권의 간격이 축소됨으로써 소상권 다핵화 현상이 일어날 것으로 보인다.

소상권 다핵화란, 기존의 전통적인 대형 상권과는 다르게 골목 상권과 같은 새롭게 떠오르는 지역 상권들을 의미한다. 지역 간 균형 발전 정책과 신도시 개발, 프랜차이즈들의 공격적인 신규점포 개발로 새로운 상권이 곳곳에 생겨나는 현상이다. 이뿐만 아니라 이런 지역 상권에는 젊은이들을 겨냥한 SNS를 활용하는 업종들이 등장하여 소상권에 더욱 힘을 실어주고 있다.

 셋째, 대형 쇼핑몰의 강세다. 쇼핑뿐 아니라 보고 먹고 즐기는 라이프스타일을 선호하는 젊은 층의 증가로 대형 쇼핑몰에서의 소비패턴이 증가하고 있음을 알 수 있다. 이런 분위기는 앞으로도 더욱 강화될 것으로 보인다.

 상권의 변화를 감지하기가 쉽지는 않지만 이런 식으로 여러 데이터를 활용하다 보면 그 변화를 미리 읽어서 예상할 수 있다. 또 현장에서 그대로 적용되는 것을 목도하면서 자기만의 날 선 통찰력을 높일 수 있다.

가맹점 수의 증감으로 알 수 있는 특징적인 변화
1. 지하철 역세권 상권의 강세
2. 근린상권의 진화
3. 대형 쇼핑몰의 강세

상권의 호재는 빠르게,
악재는 서서히 반영된다

 부동산 시장에서 호재는 상권에 빠르게 반영되고, 악재는 서서히 반영되는 경향이 있다. 그래서 한 상권의 하락세는 보통 더디게 나타나서 일반인들이 잘 눈치채지 못한다. 그런데 한 가지 동일한 사안으로 인해서 각각의 상권에 호재와 악재로 상반되는 영향력을 발휘하는 때도 있다.
 신분당선이 개통되면서 판교·분당·광교 등 수도권 남부 주요 신도시 상권의 희비가 엇갈렸다. 전국 맛집 식당가를 둔 현대백화점과 브랜드 매장이 많은 아브뉴프랑을 중심으로 판교의 고가 상권은 확대되는 반면에 광교와 분당 주요 상권은 위축되었기 때문이다. 강남 상권과 경쟁을 해야 하는 처지가 된 것이다. 이른바 '빨대효과'가 생긴 것이다. 특히 정자역은 상당히 위축되었다. 주 소비층인 주부와 가족 단위 수요층 상당수가 신분당선을 타고 판교와 서울 강남으로 빠져나가기 때문이다. 정자역에 있는 소규모의 피부과, 성형외과 등 병원과 미용 관련 업종의 경우 고객들을 강남역에 빼앗겼다.

강남역에 가면 유독 눈에 많이 띄는 간판이 성형외과다. 왜 이렇게 성형외과가 많은 걸까? 그 이유를 살펴보면 쉽게 이해가 간다. 성형외과의 경우 의사는 자신 있는 분야의 진료과목을 세분화하여 병원만의 특화된 이미지로 고객을 유입한다.

이 과의 특성상 자신만의 전문 분야를 내세워 타 병원과 차별화하는 병원이 많다. 강남 지역은 특히 여러 성형외과가 치열한 경쟁에 열을 올리고 있기 때문에 진료 범위의 세분화가 두드러지게 나타나므로 다른 지역보다 경쟁력 있는 의료 상권이 형성되어 있다. 그러므로 교통 호재로 강남으로의 접근성이 좋아질 경우 고객들이 이쪽으로 눈을 돌리는 것은 당연한 일일 것이다.

병원뿐만 아니라 카페거리도 강남에 자리를 내어주고 있다. 분당의 정자동 카페거리는 유러피언 느낌이 물씬 풍기는 운치 있는 상권이었다. 하지만 신분당선의 개통과 함께 많은 사람이 강남으로 발길을 돌리면서 이제는 아예 카페거리 고유의 느낌도 많이 퇴색되었다. 이는 카페거리 중간중간에 속속 들어오고 있는 프랜차이즈 업체 때문이다. 이와 비슷한 사례로 영통역 상권도 수원역으로 접근성이 개선되자 대거 소비층이 수원역으로 흡수된 바가 있다.

현대백화점이라는 초대형 쇼핑몰이 들어선 판교역 상권을 들여다보자. 기존 판교역 상권의 자영업자들에겐 현대백화점의 입점이 결코 호재가 아니다. 상권이 자리를 잡기도 전에 골리앗과 같은 초대형 쇼핑몰을 상대해야 하니 말이다. 무려 축구장 2배 크기의 현대백화점은 초반부터 영향력이 대단했다. 쾌적한 주차 환경, 세계 각국의 유명 맛집, 전국의 핫 한 음식점, 교보문고 등의 입점으로 상당한 집객 효과를 거두었으리라고 본다.

그 여파인지 현대백화점 인근의 판교역 상권은 아직도 자리를 잡지 못하는 모양새다. 여전히 공실이 많고 활력도가 떨어진다. 종종 지인들을 만나러 판교에 나가보면 유동인구가 상권 규모에 비해 상당히 적고 장사가 잘 안되는 곳이 많음을 알 수 있다.

판교역은 IT 업계의 젊은 층 수요가 많아 상권도 젊은 고객들을 타깃으로 한 업종이 많이 분포되어 있다. 하지만 높은 분양가가 고가의 임대료로 전가되고, 높은 임대료는 업종을 불문하고 품목의 가격을 높이는 효과로 이어졌다. 이러한 점 또한 가성비를 우선시하는 젊은 층에게 크게 어필하지 못하고 있다.

판교역 상권을 보면 초대형 쇼핑몰이 기존 상권에 어떤 영향을 미치는지 극명하게 보여주는 사례에 속한다. 향후 스타필드가 생기는 상권도 이와 유사한 패턴을 띨 것으로 본다.

1기 신도시 개발 당시 비슷한 입지 조건과 규모로 출발했음에도 두 상권의 격차가 날로 벌어진 곳이 있다. 바로 범계역과 평촌역 상권이다. 이 두 지역의 상권은 안양의 대표적인 상권으로 꼽힌다. 안양 시청을 중심으로 양쪽으로 범계역 상권과 평촌역 상권으로 펼쳐져 마치 나비 날개와 같은 대칭 구조로 형성되었다. 신도시 개발 당시 어깨를 견줄 만큼 두 상권 모두 장사가 잘되었으나 범계역 상권이 팽창하면서 평촌역이 상대적으로 많이 위축된 모양새다. 지금은 20대 젊은이들도 평촌으로 잘 가지 않는다. 직장인들도 범계역 상권에서 소비하다 보니 평촌역 상권은 맥을 못 추고 있다. 권리금이 많이 빠진 상황이다.

게다가 범계역 상권은 롯데백화점이 들어서면서 고객 유입력이 커져 더 큰 영향력을 발휘할 수 있었다. 특히 여성 고객이 늘었는데 이 수요를 범계역 상권이 효과적으로 수용하면서 상권 성장의 중요한 발돋움이 되었다고 본다.

상권의 호재	상권의 악재
아파트 배후세대의 증가 업무지구(일자리)의 증가	대형 상권의 등장 초대형 쇼핑몰의 등장 약한 상권의 역 개통(빨대효과) 민폐 업종의 증가

상권의 호재는 발표되자마자 시세에 반영되면서 무척 빠르게 영향력을 행사하는 편이다. 그러나 한 상권에 악재로 작용할 때는 일반인이 감지하기가 어렵다. 호재보다 악재는 시장에 서서히 반영되기 때문에 그 시점에서 투자처나 장사할 점포 자리를 찾는다면 과거 상권의 유명세만 기억하고 투자나 창업을 결정해버리는 우를 범할 수 있다. 투자할 때 주의가 필요한 부분이다.

　상권은 한번 판세가 기울기 시작하면 쉽사리 반전하기 힘들다. 앞에서 살펴본 것처럼 정자역 상권이나 영통역 상권도 예외가 아니었다. 상권이 기울기 시작하면 우량 점포가 서서히 빠지면서 점차 급이 떨어지는 업종으로 채워진다. 동시에 상권의 고유성을 잃게 되면서 프랜차이즈 업체가 그 자리를 대신하게 된다. 악재의 그늘에 가려져 스스로 보지 못하는 부분이 없는지 투자의 결정을 내리기 전에 반드시 체크해 보아야 한다.

 칼럼 | 서울휘의 알짜상가 이야기

선택은 기회와 연결된다

돈을 버는 사람, 벌지 못하는 사람의 가장 큰 차이는 그 사람이 투자를 해오면서 어떠한 선택을 했는지 돌아보면 쉽게 알 수 있다. 그 선택은 모두 기회와 연결되기 때문이다. 돈을 번다는 것은 기회를 잡는 것이다.

2016년 말, 영원히 함께할 것 같아 두려웠던 상가 하나를 매도했다. 운이 좋았다고밖에 할 수 없었던 일이었다.

섣부른 판단으로 낙찰받아 1년간 임대수익을 안겨준 것도 잠시 그 이후 임차인이 바뀌면서는 두고두고 마음고생을 했던 물건이다. 경매로 낙찰받았고 경락자금 대출도 활용했기에 실투자금은 거의 들지 않았지만 왜 매각 포인트가 중요한지 깨닫게 해준 고마운(?) 물건이다. 6년을 꼬박 가지고 있다가 드디어 '뜨거운 안녕'을 하게 된 이 물건은 3000만 원의 수익을 안겨주었다. 하지만 긴 보유 기간과 마음고생 한 것을 생각하면 결코 알짜 물건은 아니었던 셈이다.

이 물건을 매도할 수 있었던 것은 같은 건물에 임차 중이던 303호 덕분이었다. 오랫동안 사무실로 사용했던 303호 임차인은 근래 저금리의 영향으로 자꾸 임대료를 올리는 임대인에게 화가 단단히 난 상태였다. 몇 년을 올려주다 보니 이제 임대료를 내는 것보다 대출받아 상가를 사는 게 더 낫다는 판단을 하게 된 것이다.

내가 보유한 물건은 201호였는데 마침 2년간 임대료를 잘 내던 세입자가 2016년 9월 30일 자로 나가겠다고 통보해오던 차였다. 이 건물은 제법 공실도 있었고 이번 세입자가 들어오기 전에도 약 10개월간을 공실로 있었는데 그 악몽이 재연될까 살짝 두려웠다. 그런 차에 303호 임차인은 같은 건물 내에 매물로 나와 있는 물건을 찾고 있었다.

물건을 고르다 보니 305호와 내 상가 201호를 놓고 최종 결정을 하게 되었는데, 결국 내 상가가 선택되었다. 이런 중대한 선택에 관리소장의 말 한마디가 결정적인 역할을 하게 되었음은 나중에서야 알게 되었다.

관리소장은 계약을 결정하기 전 잠시 고민의 시간이 있었던 303호 임차인에게 화장실 앞 305호보다는 201호가 조용하고 계단으로 바로 올라올 수 있어 좀 더 쾌적할 거라고 이야기를 해줬다고 한다. 자기가 사무실을 구한다면 201호를 할 거 같다는 말과 함께. 303호 임차인은 그 한마디가 계약하게 된 중요한 요소였다고 했다. 보이지 않는 곳에서 이렇게 선뜻 나를 도와

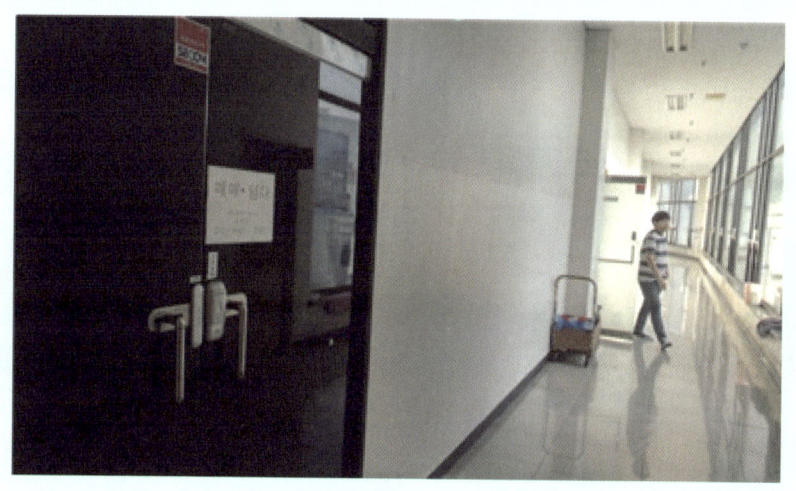

준 소장이 어찌나 감사했는지 모른다. 매입을 결정하는 이유는 사실 작은 것에서 출발하는 경우가 대부분이다. 대개 이런 사소한 일이 큰 결정을 만들어 내게 된다.

그렇게 한 달 후 무사히(?) 잔금을 치르고 건물을 한 바퀴 둘러보니 305호는 여전히 불이 꺼진 공실로 남아 있었다. 불 꺼진 공실이 내 상가였을지도 모른다고 생각하니 살짝 간담이 서늘하긴 했다.

이제 다시는 오지 않게 될 건물을 떠나며 매매계약에 큰 힘이 되어주신 소장에게 감사의 인사라도 하려고 관리사무소를 찾았다. 사례금으로 얼마를 드려야 하나 고민하다 봉투에 30만 원을 넣어 감사하다는 인사와 함께 슬쩍 건넸다. 소장은 대부분 사람이 도와줘도 고맙다는 말도 안 하고 그냥 가는데 이렇게 인사하러 와준 것만으로도 고맙다며 봉투를 안 받으려고 하였다. 결국, 감사 인사를 전하며 꾸역꾸역 봉투를 밀어 넣고 도망치듯 나왔다.

그리고 차의 시동을 걸고 주차장을 나서려는데 저 멀리 소장이 헐레벌떡 뛰어나온다. (순간 봉투 금액을 확인하고 너무 적어서 그러신가 하는 생각이 잠깐 들었다. 아주 잠깐…….) 소장은 금액이 너무 많다며 5만 원만 받겠다고 자기는 한 일이 정말 별로 없다고 돌려주려 하였다.

30만 원이라는 돈이 참으로 적게 느껴지는 순간이었다. 내가 받은 혜택에 비하면 돈으로 환산할 수 없을 기회를 만들어 주었는데 말이다.

투자뿐만 아니라 비즈니스를 하면서 적은 돈 때문에 사람 관계가 틀어지는 경우를 많이 겪었다. 당장은 커 보일 수 있지만, 돈 때문에 더 좋은 기회, 더 큰 일을 같이할 수 있었던 기회까지 날아가 버렸다는 것을 상대방은 나중에라도 알게 될까? 돈을 받는 사람은 자기의 능력을 과대평가해서 더 큰 대가를 바랄 것이고 돈을 지급해야 하는 사람은 능력을 본 후에 그 대가를 지급하고 싶을 것인데 그 차이는 좀처럼 좁혀지지 않는다.

우리는 수많은 기회와 선택의 순간에 적잖은 고민과 결정, 그리고 후회를 곁들이며 살아간다. 그렇게 내린 크고 작은 결정들이 모여 지금의 내 모습, 내 위치, 나의 인간관계를 만들어 갈 것이다.

그렇게 본다면 늘 최선을 다해 지금의 선택을 신중히 해야 할 것이다. 매일 돈을 벌기 위해 열심히 뛰고 있지만 그러한 일을 만들어가는 선택은 항상 사람이 중심이 되어야 한다. 그런 선택이야말로 진정 더 큰 기회를 만들어 줄 것이다.

 **서울휘의 알짜상가** | 투자 사례 3

오산 다짐프라자(88.63㎡)

이 물건은 오산에 있는 상가(사무실)로 건물 전체가 경매로 나올 정도로 손바뀜이 많았다. 그런데도 이 물건에 입찰한 데에는 과거 주식 투자를 하면서 알게 된 회사가 임차인으로 있었기 때문이다. ○○정밀전자㈜라는 회사인데 LG 키패드를 납품하는 회사다. 이 당시만 하더라도 무조건 임대료가 높은 것만 보고 들어갔다. 보증금 500만 원에 월 65만 원.

하지만 이 물건을 낙찰받은 후 LG 휴대폰 실적이 나빠지자 임차인이 나갔다. 그 후 10개월간 공실. 그리고 새로운 임차인이 들어왔는데, 이번에도 계약 기간 2년이 지나자 그 역시도 나갔다. 그런데 계약 기간이 끝나는 타이밍에 절묘하게도 같은 건물에 전세로 있던 회사가 매입을 결정하면서 나는 탈출(?)할 수 있었다.

이 물건을 통해 나는 상가도 결국 입지가 중요하다는 것을 깨달았다. 콘텐츠도 중요하지만, 무엇보다도 가장 먼저 살펴야 할 것이 무엇인지를 알게 해 준 소중한 물건이었다. 그리고 더 중요한 것은 임대 수익률이 아니라 그 어떤 임차인이라도 들어오고 싶어 하는 위치여야 한다는 것이다. 결국, 상가도 역세권의 영향을 받는 만큼 사장이든 직원이든 출근하기 좋은 위치여야 한다.

오산 다짐프라자 매입 명세

오산 다짐프라자				매입 방법 : 경매			
초기 비용				매각 수익(단순계산)			
감정가	150,000,000	보증금	5,000,000	매도가	89,000,000	보증금	5,000,000
낙찰가	62,121,200	월세	650,000	매각 차익	24,021,225	월세	500,000
취득세	2,857,575	월 이자	232,955	총 월세 차익	16,022,730	월 이자	232,955
대출금	55,909,080	월세 차익	417,046			월세 차익	267,046
총 매입액	64,978,775						
실투자금	4,069,295	수익률	13%	총 수익	40,043,955	보유 기간	60개월

물건의 장점:
① 우량 임차인 중소기업 법인 입점
② 매입가에 비해 높은 임대료

리스크:
① 나 홀로 상가라서 인근에 시너지 내기 힘듦
② 동 건물에 다수의 공실로 자칫 장기 공실 발생 가능성 큼
③ 역세권, IC와 동떨어져 있어 입지경쟁력 떨어짐

해결 방안:
① 2년 보유 후 매각

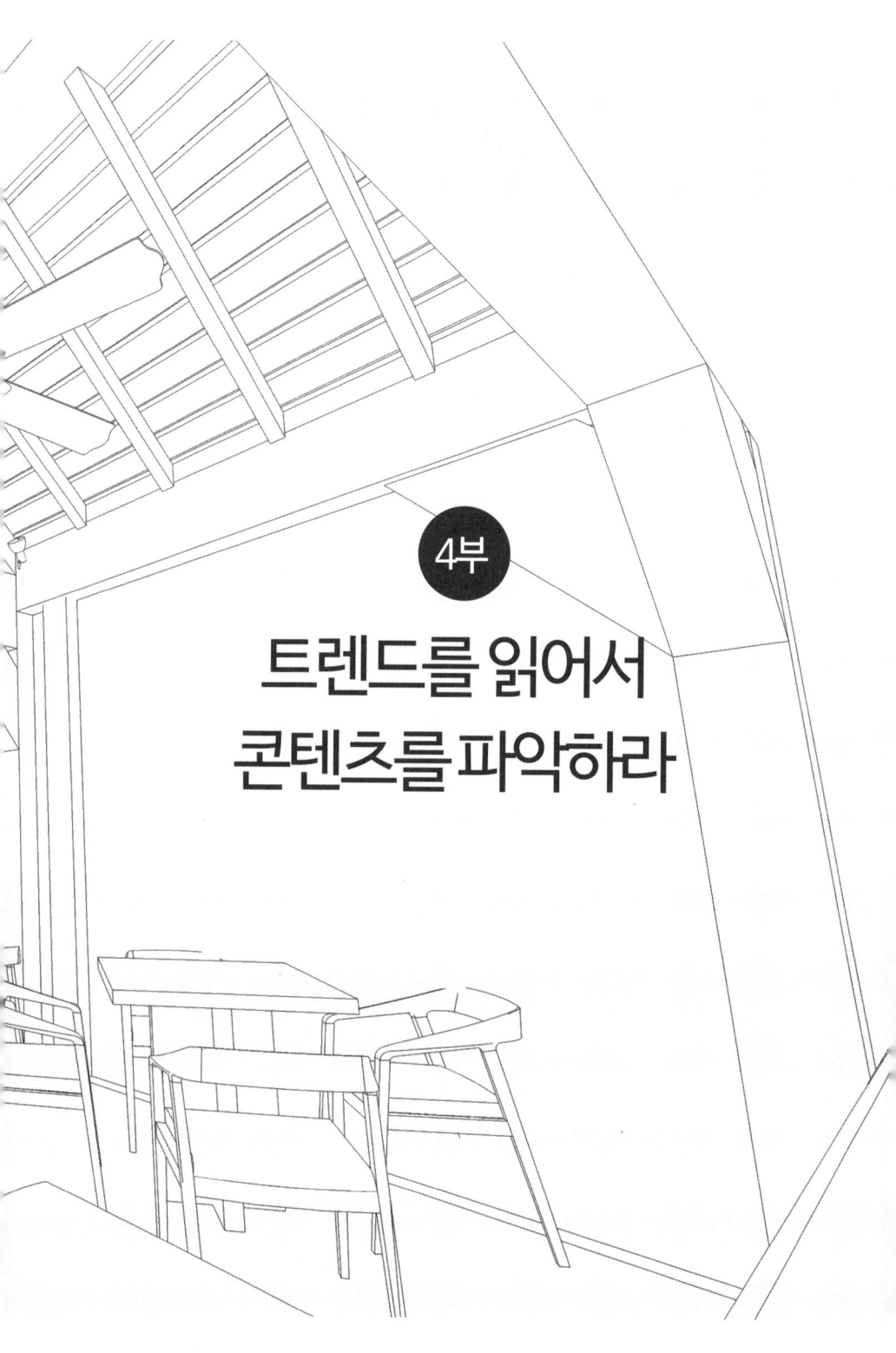

4부

트렌드를 읽어서
콘텐츠를 파악하라

트렌드를 포착하면
콘텐츠가 보인다

트렌드는 꾸준히 변한다. 변화가 있어야 기회도 있는 법이지만 자칫 그 변화의 흐름을 놓쳐서 큰 낭패를 보기도 한다. 물론 트렌드가 하루아침에 변하는 것은 아니다. 트렌드는 사람들의 생활 패턴을 서서히 반영해가며 변하기 때문이다. 그렇기에 다양한 채널을 통해 그 흐름을 미리 읽을 수 있어야 한다.

나는 변화의 흐름을 놓치지 않기 위해 구글 서비스 중 '구글 알리미'를 활용한다. 내가 관심을 두는 분야의 최근 트렌드를 그때그때 챙겨볼 수 있어 여러모로 도움이 된다. 그래서 주변 지인에게도 '구글 알리미'를 적극적으로 추천한다. 관련 키워드를 한번 등록만 해 놓으면 매일로 키워드가 들어간 기사, 칼럼, 광고 글들을 매일 받아볼 수 있다. 가령 '상가경매', '프랜차이즈', '셰어하우스'…… 등 이런 식으로 등록만 해 놓으면 관련 기사가 올라올 때마다 지정된 메일로 보내준다. 마치 관심 가는 기사, 칼럼, 기획보고서 등을 알아서 챙겨 보내주는 비서를 둔 기분을 느낄 수 있다.

우리는 주변에 넘쳐나는 불필요한 정보들 때문에 때로는 꼭 필요하거나 중요한 정보를 놓치고 지나갈 때가 많다. 구글 알리미를 이용하면 관심 가는 기사나 관련 소식을 매번 찾아다니며 볼 필요가 없다. 최근 트렌드를 바로바로 포착할 수 있으니 이거야말로 일거양득의 효과라 할 만하다.

스마트폰 애플리케이션을 통해 카세어링 서비스를 제공하는 쏘카의 차량.

1인 가구의 증가, 실버세대를 대상으로 한 업종의 활성화, 골드미스를 주 타깃으로 한 창업, 무인점포의 시대로 변해가는 흐름도 눈여겨볼 필요가 있다. 바로 이런 특징을 가장 먼저 잡아내고 반영하는 곳이 정보력이 뛰어난 유명 프랜차이즈들이다. 매출액 상위의 프랜차이즈와 가파르게 매출증가 추이를 보이는 업종에 주목할 필요가 있다.

그중에서도 치킨 업종은 프랜차이즈계의 정글과도 같다. 통계를 보니 서울은 반경 1km 이내에 8.5개의 치킨집이 있고, 10개의 치킨집이 오픈했을 경우 3년 안에 3개는 망한다고 보면 된다. 가맹점의 평균 매출액이 가장 높은 치킨 프랜차이즈는 교촌치킨이다. 교촌치킨은 가맹점 연 매출이 5억 원으로 상당히 높은 편이며, 2003년 이후 매장 수를 950~1,050개로 조절하여 가맹점주들의 영업권을 침해하지 않도록 제한하고 있다. 지나친 매장의 확대는 점포당 매출 하락을 가져오기 때문인데 점포를 개설할 때도 배달 가능 인구 1만 7000~2만 5000명을 기준으로 한다고 한다. 그런 덕분인지 가맹점당 매출과 본사 매출 모두 치킨 업계에서 1위 자리를 지키고 있다.

맘스터치는 2012년 288개에서 2017년 말 1219개로, 2012년 이후 연평균 성장률은 31%를 기록 중이다. 맘스터치는 엄마의 마음으로 만드는 햄버거 & 치킨 브랜드로 좋은 재료만을 엄선하여 만드는 콘셉트로 순항 중이다. 프랜차이즈 업계에서 매장 수 확장의 한계가 바로 가맹점 수 1000개라고 하는데 맘스터치의 증가세는 거침이 없다. 기존 프랜차이즈와 차별화를 꾀하는 점이 두 가지 있다. 소액으로 창업할 수 있다는 점과 1층 상가만 고집하는 게 아니라 2층에도 매장을 열어 임대료의 부담을 절감할 수 있다는 점이다. 주문 후 조리 시스템이라는 방식으로 소비자에게 어필하고, 가성비 높은 제품으로 점주와 본사가 윈윈할 수 있는 시스템으로 인기몰이 중이다.

트렌드와 콘텐츠의 연관 관계들을 잘 이어나가다 보면 향후 어떤 트렌드가 등장할지 유추하는 일도 가능하다. 즉, 업종을 보고 트렌드를 예측하기보다는 트렌드가 반영하는 생활 패턴에 먼저 주목할 필요가 있다. 아래의 몇 가지 키워드를 통해서 현재의 트렌드를 살펴보자.

공유와 상생

공유 경제는 앞으로 세계적으로 떠오를 큰 트렌드다. 경제계에서 함께하자는 공유 붐이 일어난 것은 미국의 법학자 로렌스 레식이 그의 책 《리믹스》에서 처음으로 '공유 경제'라는 말을 쓰면서부터다. 재화는 한정되어 있고 새로운 것을 만들거나 도입하려면 비용과 시간이 제법 많이 든다. 사람들은 오래전부터 이런 단점을 극복할 방법을 찾았다. 그래서 찾은 방법이 바로 '공유 경제'다. 이런 변화는 사람들의 소유에 대한 개념을 바꾸었다.

공유 트렌드를 빨리 알고 사업에 접목한 스타트업 회사가 있다. 현재 100억 달러가 넘는 가치를 인정받고 있는 에어비앤비(Airbnb), 우버, 위워크다.

'에어비엔비'는 최근 엄청난 속도로 사업을 확장하고 있다. 호텔이나 유스호스텔에서 머물지 않아도 나에게 집을 빌려줄 사람들이 전 세계에 있는 것이다. 전 세계 '에어비엔비' 회원들은 일정 금액을 받고 집을 통째로 빌려주기도 하고 방을 나눠쓰기도 한다. 물론 여러 문제점이 발생하여 논란에 휩싸이기도 했다. 하지만 여전히 '에어비엔비' 회원들은 신뢰를 내세우며 자신들의 공간을 공유라는 이름으로 판매한다.

우리나라도 이런 흐름에 발맞추어 공유 경제 서비스들이 하나둘 생겨나고 있다. 그 사례로 집을 공유하는 '비엔비히어로', '코자자' 등이 있다. 이제는 큰 비용을 들여 전부를 소유하는 것이 아니라 꼭 필요한 부분만 빌려 이용하고 공유하는 문화가 널리 퍼지고 있다. 젊은 층이 선호하는 가성비의 방향성도 공유 경제와 그 궤를 같이한다고 볼 수 있다.

앞으로도 공유 경제는 혼밥·혼술을 즐기는 '나 홀로 족'이 확대될수록 시간과 공간을 나눠 쓰는 것뿐만이 아니라 한층 다양한 형태로 발전할 것이다. 부동산 임내 시장에서도 소호사무실, 셰어하우스, 숍인숍 등이 임대 사업의 새로운 트렌드를 이끌고 있다.

요즘 들어 많은 사람이 관심을 보이는 셰어하우스도 공유 경제와 가성비를 보여주는 대표적인 트렌드로 우뚝 섰다. 잠만 자는 집에 몇십만 원씩 월세를 내느니 조금 불편함을 감수하더라도 2~3명이 함께 사는 쪽을 택한다. 비용을 줄이며 공간을 공유하는 게 훨씬 경제적이라고 생각하는 사람들이 늘고 있다. 여성 혼자 사는 경우 해결하기 어려운 보안상의 문제 때문에 앞으로 2~3년간은 여성 전용 셰어하우스 위주로 그 증가세가 폭발적으로 늘어날 것으로 보인다.

그 외에도 우리나라 차량 공유 서비스인 쏘카와 그린카, 옷을 공유하는 '열린 옷장', 책을 나눠 읽는 '책꽂이' 등이 있다. 이렇듯 다양한 공유 경제 시스템의 가치는 벌써 몇조 원대에 이르렀다고 한다.

공유 가치를 통한 상생 사례는 다양한 비즈니스 형태로도 나타난다. 최근 언론을 통해 알게 된 한 병원의 운영 방식은 신선했다.

이 병원의 진료 과목은 이비인후과로 네 명의 의사가 함께 운영하고

수익 극대화를 높이기 위해 생겨난 인스토어뱅킹인 은행은행과 폴바셋.

인스토어뱅킹 형태의 우리은행과 폴바셋 내부.

있다. 이들은 1년씩 돌아가면서 쉬는데 4년에 한 번씩 안식년을 갖는다. 그 기간에 가족과 여행도 하고 외국에서 진행되는 학회에도 참석한다. 이렇게 마음 편히 1년을 쉴 수 있는 건 쉬는 동안에도 병원을 운영하며 얻는 수익을 n분의 1로 나눌 수 있어 가능했다. 이것 역시 어떤 의미에서는 '공유 경제'로 볼 수 있다.

공유와 상생은 유사한 형태를 보이지만 업종에 접목해서 사용할 때는 그 뜻이 구분된다. 초기에 들어가는 자본의 출처와 규모에 따라서 달라지기도 한다. 즉, 공유의 대표적인 형태인 숍인숍은 한 점포에서 자본을 모두 출자하여 다른 점포에 임대를 준다. 반면에 상생은 두 점포가 같이 자본을 출자하는 방식이다.

요즘 눈에 띄는 우리은행과 폴바셋, 현대자동차매장과 커피빈의 사례는 대표적인 상생 업종이다. 1층 점포의 비싼 임대료를 나눈다는 의미에서 숍인숍의 공유 형태는 더욱 많이 생겨날 전망이다. 이처럼 장소에서 2~3개의 아이템을 동시에 만난다고 생각해보자. 원하는 것을 사기 위해 여기저기 돌아다니지 않아도 되니 여유로운 시간을 보낼 수 있다. 키즈 카페 안에 아이들 용품을 팔거나 영화관 안에 인형뽑기 기계를 놓는 식이다.

이런 형태를 가게 속의 가게, '숍인숍'이라고 한다. 숍인숍 형태는 나도 살고 너도 사는 시스템이다. 장사를 하고 싶어도 공간이 없어 장사를 못 하는 사람들이나 임대료가 너무 비싸 장사할 엄두를 내지 못하는 이들에게 숍인숍은 또 하나의 기회인 셈이다. 하지만 가게 얻을 돈이 없다고 숍인숍 형태를 무조건 따를 수는 없다.

숍인숍은 말 그대로 전전세다. 간혹 건물주의 동의 없이 가게 주인과 계약하기도 하는데 이것은 엄연히 불법 임대다. 이런 곳에 전전세로 들어가 영업을 하는 사업자라면 법률적으로 불이익을 당하지 않도록 잘 살펴봐야 한다.

이처럼 사용하지 않는 공간을 공유하고 시간을 나누어 공간을 구분하는 것이 전 세계적인 트렌드다. 직장인들이 많이 오가는 지역은 33.05㎡(10평)에 월세가 400만 원을 넘는 곳도 많다. 이곳에서 무엇인가를 하고 싶어도 임대료를 생각하면 선뜻 엄두가 나지 않는다는 사람이 대부분이다. 하지만 대안이 아예 없는 것은 아니다.

테헤란로의 강남역 앞에 있는 수입 신사복 매장은 보통 오전 11시에서 12시 사이에 문을 연다. 시간당 임대료를 생각한다면 24시간 영업을 해도 성에 차지 않을 것 같다. 그런데 업종 특성상 그럴 수는 없다. 만약에 직장인들의 출근시간대에만 맞춰 테이크아웃 커피전문점을 내면 어떨까? 테이크아웃 커피전문점이니 넓은 공간은 필요 없다. 3.31~6.61㎡(1~2평)만 임대하면 된다. 아침 식사도 제대로 못 하고 출근하는 직장인들을 대상으로 커피와 샌드위치를 파는 것도 생각해볼 만한 일이다.

최근 외식업(자영업)에서도 겸업, 협업, 콜라보레이션 등을 통해 프랜차이즈 업체와의 경쟁구도에서 살아남기에 돌입했다. 그들이 원하든 원하지 않든 이제는 영업의 형태가 생존의 문제와 직결되고 있다. 저성장과 공급과잉의 시대에 대두되는 문제점으로 고인건비, 고원재료, 고임대료라는 3고현상을 잘 해결해야 한다. 3고현상을 극복하기 위해 콜라보레이션 콘셉트의 브랜드 조합이라는 트렌드는 당분간 계속될 것으로 보인다.

좀 더 자세히 들여다보면 다양한 분야의 협업 중에서도 특히 외식업 분야의 행보가 가장 발 빠르다. 외식 브랜드끼리의 결합, 외식 브랜드와 주점형 브랜드의 결합, 간식형 브랜드와 식당형 브랜드의 결합, 외식과 도소매의 서로 다른 업종 간 브랜드의 결합 등이 대표적이다. 이처럼 외식업은 매출 증가를 위해 다양한 형태를 끊임없이 개발하고 있다. 우리가 예측하지 못한 아이템들끼리의 결합도 앞으로 계속 등장할 것이다.

동시에 프랜차이즈 업체 또한 요즘 트렌드를 따라가기 위해 발 빠르게 움직이고 있다. 놀부보쌈과 부대찌개 브랜드의 결합, 원할머니보쌈과 박가부대의 결합, 피쉬앤그릴과 치르치르의 결합, 베이커리와 패스트푸드를 강화한 편의점과 미니카페의 결합, 옵티마약국과 건강기능식품의 결합, 이바돔 감자탕과 키즈 카페(어린이 놀이방)의 결합 등은 한 지붕 두세 가족의 좋은 사례로 볼 수 있다. 특히 이바돔의 경우 식사 중 아이들을 놀이방에서 놀도록 하여 아이 엄마들이 선호하는 장소가 되었다. 점심시간에 가 보면 제법 테이블 수가 많은데도 손님이 가득 찬 것을 볼 수 있다.

이러한 현상을 보면 높은 임대료를 극복할 방법으로 공유 경제의 방식이 하나의 트렌드로 자리 잡아 더욱 활성화되고 있다는 것을 알 수 있다. 앞으로도 전혀 경험해보지 못했던 업종 간 협업을 쉽게 목격하게 될 것이다.

부동산임대사업 분야에서도 임대인과 임차인 사이에 공유와 상생 바람이 불고 있다. 수수료 매장으로의 전환이 그 예다. 수수료 매장이란 임차인의 매출액을 기준으로 일정 비율을 건물주에게 임대료로 지급하는 방식을 말한다. 대표적으로 스타벅스 매장이 그러한데 곧 개인 자영업자도 스타벅스처럼 매출액 대비 15~18%를 월세로 지급하는 수수료 매장의 형태를 띨 것으로 보인다. 요즘은 대부분 사람이 현금보다는 카드 사용을 선호하는 만큼 그 매출을 기준으로 수익 대비 일정 비율을 임대료로 받겠다는 것이다.

임차인이 잘돼야 임대인도 잘될 수 있다. 멀리 내다보면 상생이야말로 현 시장 상황에서 필수 전략이다. 상생을 모토로 하는 이런 수수료 매장은 카드 매출만 90%가 넘는다. 현금 거래가 거의 없고 매출 대부분이 양성적으로 노출되는 지금의 상황이라면 수수료 매장으로의 전환은 충분히 준비된 셈이다. 이제는 임대인도 어깨에 힘을 빼고 임차인의 영업 리스크를 공유해야 하는 시대가 온 것이다.

욜로 시대

You Only Live Once, YOLO! 욜로족들은 한 번뿐인 인생을 즐기라고 외친다. 욜로(YOLO)라는 말이 유행하게 된 것은 2011년 래퍼 드레이크(Drake)가 발표한 '더 모토(The Motto)'의 노래 가사에서 'You Only Live Once'와 'YOLO'가 등장하면서부터다.

욜로 문화는 2030을 특징짓는 것으로 나타났으며 그들이 즐기는 삶의 대표적인 모습으로 비친다. 혼자서 여유롭게 즐기면서 먹는 외식 문화는 이제 더 이상 누군가와 더불어 즐기지 않아도 되는 그들만의 문화로 자리매김했다.

이러한 변화에는 최근 1인 가구가 전 세대의 1/4이 넘은 것과 무관하지 않다. 여기에 '개인의 취향(개취) 존중'도 자리 잡아가는 사회 분위기도 거들었다. 이렇듯 혼자 사는 사람은 늘었지만 여전히 혼자 밥 먹으러 갈 음식점을 찾기는 쉽지 않다. 음식점에서도 혼자 오는 사람을 별로 반기지 않는다. 1인 가구는 늘었지만 정작 우리 사회는 아직 준비가 안 되었다고나 할까? 그래서인지 사람들은 용기를 내서 혼자 음식점에 가기보다는 편의점을 이용한다. 그 덕분인지 편의점 도시락의 매출액이 폭발적으로 증가했다.

최근에 농림축산식품부와 농수산식품 유통공사에서 발표한 자료에 따르면 간편식의 국내시장 규모는 2015년 출하액 기준 1조 6720억 원으로 2011년 1조 1067억 원보다 51.1% 증가한 것으로 나타났다.

1인 가구의 영향은 외식문화뿐만 아니라 금융 상품 등 다양한 영역으로 확산하는 추세다. 앞으로 창업을 염두에 두고 있다면 욜로족을 타깃으로 한 업종을 공략하는 것도 생각해 볼 만하다.

무인시대

사람의 손이 요구되는 작업이 최소화된 사업이 뜨고 있다. 바로 '인형뽑기방'이다. 이 업종의 특징은 인테리어와 직원이 없다는 것이다. 각종 캐릭터 인형들이 가득 찬 방에서 젊은이들이 각양각색의 인형을 뽑으려고 열심히 레버를 움직인다. 뽑기방 주인은 다양한 인형을 채워 넣고 수금만 해가면 되는 방식이다. 뽑기방은 바로바로 현금으로 결제하기 때문에 따로 나가는 수수료가 없어 예비 창업자들이 선호한다.

또 다른 예로 '빨래방'이 있다. 빨래방은 뽑기방보다 초기 설비비용이 많이 드는 반면에 자취나 하숙하는 대학생과 혼자 사는 회사원, 젊은 부부 등 다양한 수요층이 이용한다.

빨래방은 입지만 잘 선택하면 초기 비용을 단기간에 회수할 수 있고, 특히나 카드 매출보다 현금매출이 높아 수수료 절감 효과까지 누릴 수 있어 더욱 주목받고 있다.

빨래방 안 모습.

빨래방을 운영하는 상가.

포인트 카드도 이용할 수 있는 빨래방.

　요즘은 맥도날드, 롯데리아, 버거킹 등 패스트푸드 매장에 가면 무인주문기계가 설치되어 있다. 처음 무인주문기계를 접했을 때 어떻게 주문해야 할지 몰라 버벅거렸던 게 생각난다. 하지만 곧 익숙해지니 주문할 때 줄 서서 기다리지 않아 오히려 더 편했다.

　최근 최저임금이 인상되면서 인건비를 감당하기 어려운 업체에서는 무인기계를 들여놓는 곳이 점점 많아지고 있다. 이미 일본은 음식점에도 무인주문기계가 제법 많이 들어와 있다. 앞으로 대학가, 대형 마트, 편의점 등에 더 많이 설치될 것이다. 초기에는 설비 투자 비용이 들겠지만 늘어나는 인건비를 충당하기 어렵거나 인력관리에 효율성을 높이려는 업체에서는 무인기계를 더욱 선호할 것이다.

알짜상가 투자의 스마트한 도구들

구글알리미
관심 있는 키워드를 등록하면 그에 관한 최신 뉴스를 받을 수 있다. 방법도 간단하다. 업종, 브랜드, 최근의 변화 흐름뿐 아니라 프랜차이즈, 공유경제, 권리금 등 관련 키워드를 등록해 놓으면 등록한 메일로 보내준다. 일일이 관련 뉴스를 검색할 필요가 없어 시간을 절약할 수 있어 편하다.

에버노트
임장 노트로 활용하거나 관심 정보의 빅데이터를 모으기에 편하다. 기록한 내용을 쉽게 검색해서 찾을 수 있고 이를 토대로 콘텐츠를 생산하고 전달하는 데 에버노트를 따라올 만한 게 없다. 기록은 남겨야 의미가 있다. 기록하지 않는 자, 사라질 것이고 기록하는 자, 현장에 머물 것이다. 기록한 정보를 활용하는 자, 더 큰 투자를 향해 앞으로 나갈 것이다.

콘텐츠경쟁력을
갖춘 알짜상가

 누가 봐도 탐이 날 만한 상권에 A급 입지에 위치한 알짜상가는 투자의 리스크는 적지만 그에 걸맞은 비싼 값을 치러야 한다. 이런 투자 패턴은 자본과 싸움이라기보다 시간과 싸움이다. 시간이 흐르면 자연스레 가치가 오르기 때문에 오히려 쉬운 투자다. 그 시간을 오롯이 기다리며 버티기만 하면 되기 때문이다.
 우리가 주목해야 하는 것은, 입지는 조금 떨어지더라도 요즘 시대의 트렌드를 잘 접목한 업종, 경쟁력 있는 콘텐츠를 가진 업종의 임차인을 유치해야 한다. 임대로 줄 때도 유행 업종이 아닌 유망 업종을 넣어야 한다. 그런 임차인들이 상가의 가치를 더욱 높여줄 것은 자명한 일이기 때문이다.

 우리 주변에 익숙하게 볼 수 있는 업종 중에서 콘텐츠경쟁력을 보유한 업종을 살펴보면 그 노하우를 엿볼 수 있다. 대표적인 사례가 다이소다. 다이소는 혼자 사는 인구가 증가하면서 가성비와 맞물리며 호황을 누리고 있다.

혼자만의 라이프스타일과 합리적인 소비생활을 즐기는 사람을 지칭해 1인과 이코노미(economy)를 합친 '일코노미'라는 말이 있다. 젊은 사람들의 생활 패턴이 바뀌면서 하나의 새로운 트렌드로 자리매김을 한 것이다. 다이소의 흥행 요인은 이러한 트렌드에서 찾을 수 있다.

요즘 주변 자영업을 살펴보면 경기가 좋지 않다고 힘들어하는데 오히려 이런 저가 생필품은 경기가 안 좋으면 안 좋아질수록 더 잘되는 업종이다. 최근 들어서 다이소는 공격적인 확장을 펼치고 있다. 1인 가구와 트렌드가 절묘하게 결합하여 성공한 경우인데 지금처럼 자리 잡아간다면 향후 10년은 탄탄하게 유지될 것으로 보인다. 불황일 때도 잘되는 이런 업종을 눈여겨볼 필요가 있다.

파주 운정 신도시에 경매로 나온 다이소를 한번 살펴보자.

1,263,000,000원에 감정되어 1회 유찰 후 3번이나 변경되고 2016년 12월 28일 1,184,200,000원에 낙찰되었다. 현재 다이소는 1층의 한 칸과 2층의 3개 호를 이용 중이다.

운정지구 상권은 교하 신도시의 배후세대까지 끌어들이며 그 규모가 점점 커지고 있다. 한창 기세 좋게 상권을 확장하고 있었는데 인근에 또 다른 상권이 생기면서 소비자들의 이용 빈도가 분산되기 시작했다. 특색있는 유명 음식점들이 새로 생긴 상권으로 들어서면서, 기존 상권

강남역 근처의 다이소 매장.

에서 높은 임대료를 내며 영업을 하고 있던 점포들도 옮겨갔다.

이 경매물건이 진행되던 때가 운정지구 상권의 활력이 많이 떨어진 시점이었다. 워낙 탄탄한 배후세대를 확보하고 있어 시간이 지나면 회복되겠지만 주 동선 이면에 있는 상가 투자는 조심해야 했다.

이 물건의 입지를 살펴보면 도로변에 있어 경쟁력을 지니고 있다. 업종만 놓고 봤을 때도 다이소가 임차인으로 있어 그 나름 괜찮아 보인다. 다이소는 최근 매출이 폭발적으로 증가한 업종으로 콘텐츠경쟁력 면에서는 최근 가장 핫 한 업종이다.

예전 다이소 초기시절에는 규모가 작은 점포에 들어왔다가 계약이 종료됐을 때 인근에 더 넓은 매장으로 확장 이전하곤 했다. 그 이후로는 1층에 작은 호수를 넣고 2층을 통으로 사용하는 전략을 구사하고 있다. 최근 강남에서는 3개 층을, 명동에서는 8개 층을 사용하며 그 규모를 계속해서 키워나가고 있다. 근래 다이소는 전통적인 임대료 방식과 수수료 매장 방식 두 가지를 병행하고 있다.

예전에 성수동으로 현장 납사를 갔을 때의 일이다. 성수동 상권이 형성되기 전 젊은 친구들이 음식점을 하겠다고 새롭게 창업한 곳이 있었다. 이름도 독특한 '소녀방앗간'.

상권이 형성되기 전에 문을 열어 성공 신화를 이룬 성수동의 '소녀방앗간'

처음에는 성수동에 있는 음식점이라고 해서 의아했다. 상권이 형성되기 전이라 음식점을 내는 것은 무리가 되지 않을까 싶었는데 이는 기우였다. 오픈한 지 얼마 지나지 않아 줄 서서 기다려야만 먹을 수 있는 식당으로 발돋움했다. 이 음식점이 맛집으로 성공하기까지는 노력이 뒤따랐다. 메뉴의 전 식재료에 원산지 표시를 했다. 지금이야 어느 음식점이든 원산지 표시를 의무적으로 하지만 이곳은 규정 자체가 없을 때부터 자체적으로 시작했다. 음식의 재료 하나하나가 어디에서 왔는지 알 수 있게끔 메뉴에 적었고 손님 식탁을 정갈하게 차렸다. 스토리가 있는 밥상을 탄생시킨 것이다. 지금도 요일별로 메뉴를 제한해서 재료 준비의 효율성을 극대화한다고 한다.

소녀방앗간처럼 콘텐츠경쟁력으로 승승장구하는 외식업체들을 보면 반갑다. 불리한 상권이나 입지를 맛과 품질, 자신만의 색깔과 아이디

> **서울휘의 콕 집어주는 센스 TIP**
>
> **죽어가는 상가도 살리는 콘텐츠의 힘**
>
> 임차인의 장사 실력이 좋지 않아도 위치가 좋아 장사가 잘되는 상가가 있다. 그런 곳은 뭘 해도 되는 자리이기 때문에 투자처로 아주 좋다.
> 예전에는 피해야 할 상가 자리로 지하나 후면을 꼽았다. 그러나 요즘에는 후면이나 지하 등 좋지 않은 자리에서도 자신만의 콘텐츠와 영업력으로 장사를 꽤 잘하는 사람들이 많다. 그래서 알짜상가의 기준은 업종에 따라서 다를 수 있다. 누가 들어와서 무슨 장사를 하느냐에 따라 기준이 바뀌기도 한다.

어로 당당히 개척하여 소비자들의 마음을 사로잡기 때문이다.

얼마 전 살충제 달걀 파동으로 먹을거리에 대한 윤리의식이 얼마나 결여되었는지 다시 한번 확인했던 계기가 됐다. 이런 먹을거리 범죄는 잊을 만하면 한 번씩 매스컴에 올라와 골머리를 썩인다. 그래서 더욱 웰빙과 친환경을 중요하게 생각하고 건강한 먹을거리를 원하는 소비자들의 욕구 또한 높아졌다. 이를 잘 반영한 업종도 불경기 속에서 빛이 나고 있다.

33.05㎡(10평)도 채 안 되는 작은 매장에서 월 매출 5000만 원을 올리는 '한나식빵'은 철저하게 유기농 재료를 사용하고 자연발효를 한다. '929숯불닭갈비'는 국내 냉장 닭을 사용하는 것은 물론 생과일이나 신선한 채소로 맛을 낸다. 이처럼 다양한 방법으로 고객들이 원하는 콘텐츠를 제공하면서 자신만의 경쟁력을 키우는 업종들이 눈에 띄게 증가하고 있다.

하지만 한 가지 주의해야 할 사항은 유망 업종의 영업 고수 임차인들은 굳이 내 상가가 아닌 다른 곳에서 영업하더라도 그 이상의 성과를 내는 사람들이라는 점이다. 그러므로 계약 기간 이후에도 임차인에게 무리한 임대료 인상을 요구하기보다는 주변 상권의 변화를 잘 관찰하고 상황을 지켜보며 지속적인 윈윈(win-win) 관계로 나아가야 할 것이다. 이것이 상가의 가치를 서서히 상승시키며 유지하는 현명한 방법이다.

알짜상가의 가치를
높여줄 황금 업종

    트렌드를 잘 포착하고 콘텐츠를 연구하는 궁극적 이유는 임차인의 업종을 잘 선별하여 내 상가의 가치를 올리기 위해서다. 임대인으로서 최대의 걱정은 공실일 것이다. 공실은 매각에도 부정적인 영향을 미치기 때문에 내가 보유한 상가의 입지에 맞는 업종이 어떤 것일지 잘 분석하여 공실을 방지해야 한다.

    각 상권에 반드시 존재해야 하는 업종을 '필수 업종'이라고 한다. 그런데 이런 업종은 한 번 자리를 잡으면 쉽게 옮기지 않는다. 설령 나가더라도 동일 업종의 대기 수요로 곧 채워질 것이다. 이런 업종이라면 내 상가의 가치를 높여줄 황금 업종이 될 수 있다. 어떤 업종이 이에 해당하고 어떤 업종을 유치해야만 내 상가의 가치를 높일 수 있는지 살펴보자.

우량 임차인

　상가를 매입하여 임대 사업을 하려고 할 때 가장 중요한 체크 포인트는 무엇일까? 사람들은 단순히 수익률이라고 생각한다. 하지만 투자 경험이 있는 노련한 사람들은 그보다는 안정성에 높은 점수를 준다. 아무리 임대료가 높아도 임대료가 제때에 들어오지 않는다면 임대 사업은 피곤해지기 마련이다. 임대 사업을 하는 사람으로서는 이 부분이 가장 민감한 부분일 수밖에 없다.

　직장인 관점에서 대입해보면 회사에서 월급은 많이 준다고 하는데 월급날 월급이 나올지 안 나올지 의심스럽다면 누가 그 회사에 믿고 취직하겠는가. 직원으로서는 월급이 밀리는 회사에 계속 다녀야 할지 의구심이 들 것이다. 밀린 월급을 받을 때까지는 계속 회사에 출근해야 하는 직원의 처지와 밀린 임대료를 받기 전까지는 내보낼 수도 없는 임대인의 처지를 대입하면 저절로 고개가 끄덕여질 것이다.

　상가에 투자하면서 경험이 쌓이다 보면 임대사업자들이 꼽는 최고의 투자 기준은 하나, 안정성이라는 것에 공감하게 된다. 그러므로 자신의 상가에 임대료가 절대로 밀리지 않는 업종을 잘 골라내는 것이 무엇보다 중요하다. 이러한 사실을 잘 안다면 투자할 물건을 고를 때부터 신중하게 접근하여 선별적으로 임차인을 고르게 된다. 결국 우량 임차인이 하나의 주요 카테고리가 된다는 것을 인지한다.

　우리 주변에 우량 임차인이 대단히 많다는 것을 상가 투자를 하기 전에는 전혀 몰랐다. 내가 임대인이 되어 우량 임차인 중 대기업 임차인을 만나보니 임대사업을 하는 과정에서 여러모로 편했다. 대기업 임차인은 임대료 밀릴 일이 전혀 없었다. 정해진 시간에 맞춰 정확하게 입금을 해주었다. 더불어 임대료를 협상할 때도 임대 관리를 담당하는 직원이 매뉴얼에 따라 진행하기 때문에 훨씬 수월한 편이다. 게다가 우량 임차인은 사업 경험이 풍부하고 그간 축적해온 빅데이터를 기반으로 점포를 선정하기 때문에 한 번 들어오면 장기 운영할 가능성이 높다. 우량 임차인의 대표적인 예로는 유명 프랜차이즈 업체, 금융기관, 병원, 기업형 슈퍼마켓 등이 있다. 역으로 이런 임차인이 선호할 조건의 임대 상품을 만들어 낸다면 상가의 가치를 높일 기회를 잡을 수 있다.

보통 억대 권리금이 형성되어 있는 중심 상권, 이곳을 살펴보면 우량 임차인들이 임차해 있는 점포들이 많다.

대개 1층에는 미샤, 더페이스숍, 네이처리퍼블릭, 에뛰드, 아리따움 등 로드숍 화장품 매장이 주를 이룬다. 휴대폰 매장도 그 상권에서 가장 목이 좋은 곳에서 빠지지 않는다. SKT, KT, LG와 같은 통신사 직영점들은 어김없이 권리금과 임대료가 가장 높은 곳에 들어와 있다. 특히 휴대폰 영업점은 경쟁이 치열하여 미리 매장이 들어올 곳을 선점해버리는 사례를 종종 보게 된다. 다른 경쟁사가 들어와 이익이 줄어드는 것보다 실익이 조금 낮더라도 점포를 여는 쪽을 택한다. 마트도 예외일 수 없다. 동네 상권 침해 논란에도 꿋꿋이 밀고 들어온 홈플러스 익스프레스, 이마트 에브리데이가 있다.

지상층에는 은행(ATM기 포함)이나 이름만 들어도 알 만한 회사들의 지점 사무실, 대형 학원들이 눈에 띈다. 이런 업체를 임차인으로 둔 임대인은 부러움의 대상이 되곤 한다. 임대료 밀릴 걱정을 전혀 하지 않아도 되기 때문이다.

경매로 낙찰받아 두 번이나 같은 대기업 임차인을 만난 적이 있다. 교육사업의 1등 대기업인 ㈜대교에서 운영하는 '눈높이대교'라는 러닝센터였다. 임대하기 전에는 일반 학습지 회사라고만 여겼지 대기업이라고 생각해보진 못했다. 하지만 임차인으로 만나고 보니 회사에 대한 관심이 생겨 자세히 파악해 보게 되었다. 역시 관심은 나와 직접적인 연관성이 있어야 생기는가 보다. 조사를 해보니 상당한 매출액과 더불어 질 좋은 콘텐츠로 교육시장을 선도하는 기업이었다. 1등 업체인 만큼 점유율도 가장 높았다. 이 업체가 입점한 학원마다 공통점이 있었는데 모두 상권 내에서 가장 좋은 입지에 있다는 점이다. 이처럼 한 업종의 패턴만 잘 관찰해도 다양한 통찰을 얻을 수가 있을 것이다.

더불어 대기업 임차인을 확보하면 다양한 임대조건을 제시할 수 있어 좋다. 보증금을 대폭 낮추고 그 낮춘 보증금을 월세로 전환하여 임대료 수입을 극대화할 수 있다. 심지어 보증금을 없애고 보증금 액수만큼을 임대료와 합쳐서 받고자 한다고 해도 가능하다.

왜냐하면, 원래 보증금을 받는 것은 임대료 연체를 대비하기 위한 안전장치인데 대기업이라면 연체를 걱정할 필요가 없으니 가능한 것이다. 대부분 일반 임차인은 연체의 위험부담 때문에 최소 1년 6개월 치 정도의 임대료를 보증금으로 받는다. 하지만 향후 매각을 염두에 두고 있다면 일정 금액의 보증금은 받는 것이 좋은데 이는 다음 매수인이 자칫 보증금 없이 월세만 내는 업체로 오해할 수 있기 때문이다.

내 경우에도 실질적인 수익률을 최대화하기 위해 대기업 임차인과 보증금 없이 임대계약을 맺은 적이 있었다. 그런데 매각을 앞두고 문제가 생겼는데 매수인이 매각 계약 조건으로 보증금 일부를 받는 것을 원했기 때문이다. 일반적으로는 대기업 임차인의 패턴을 잘 이해하지 못하기 때문에 보증금이 없는 모양새는 불안해 보인 것이다. 결국, 임대 계

연체되는 임대료에 대처하는 방법

연체를 방지하는 방법 중 하나가 임차인의 성향을 미리 파악하는 것이다. 이런 성향을 보이는 임차인이라면 주의해야 한다. 임대료 협상할 때 월 임대료가 아닌 보증금을 깎아달라고 하는 경우, 이는 임차인의 경제력이 좋지 않을 확률이 높다. 그리고 임대료를 지급하는 첫 달부터 임대료를 제때에 내지 않는 임차인. 이때 이미 감이 온다. 앞으로도 임대료 받는 일이 쉽지 않으리라는 것을. 임대하고 두 달이면 어느 정도 임차인의 성향은 파악된다. 임대료는 한 번 밀리면 계속 밀린다. 이런 경우에는 속을 끓이지 말고 빨리 손을 써서 해결하는 편이 좋다.

먼저 임대료가 2달 이상 밀리는 때에는 내용증명을 보낸다. 한 달이 연체될 때는 문자로 장문의 내용증명을 보내고, 석 달이 밀리면 우체국에서 내용증명서를 보내면 된다. 요즘은 인터넷이 잘되어서 우체국에 직접 가지 않아도 내용증명을 보낼 수 있다. 의사나 한의사 등 전문직종이라고 안심하지 말라. 임대료 연체에는 전문직이 따로 없다.

임차인과의 관계에서 또 중요한 점은 임대차계약 기간이 끝나고 나갈 때 보증금을 돌려주기 전 반드시 원상회복 확인과 폐업신고를 했는지 확인해야 한다. 만약 기존 임차인이 폐업신고를 하지 않고 나갔을 경우 새 임차인이 영업신고를 하지 못해 영업을 하지 못할 수도 있으므로 잘 확인해 보아야 한다.

약을 수정하여 보증금 2000만 원을 받는 조건으로 계약을 갱신하는 수고를 해야 했다.

경매로 상가를 고를 때는 대기업 임차인이 들어올 가능성이 큰 물건에 집중해 보자. 대기업이 들어온 적이 있었거나 현재 대기업이 들어와 있는 알짜상가라면 적극적으로 공략해야 한다.

대기업 업종 vs 블루칩 업종

우리 주변에서 볼 수 있는 우량 임차인은 어떤 업종에 주로 포진해 있으며 기업마다 투자자로서 체크해야 할 특징적인 투자 포인트는 무엇인지 하나하나 업종별로 살펴보자.

주요 대기업 임차인 업종 알아보기

① 대교

대교는 학습지 시장 부동의 1위 업체다. 온라인과 오프라인에서 하는 학습 프로그램이 있어서 눈높이 러닝 센터가 필요하다. 보통 이 러닝 센터는 신도시가 들어오고 상가가 형성되면 가장 좋은 자리인 코너 3~4층에 들어오며, 입점 시 장기계약을 염두에 두고 들어온다. 만약 어떤 지역의 상권을 잘 모른다면, 그 상권 안에 대교 러닝센터가 있는지를 살펴보라, 만일 대교가 들어와 있다면 그 상가는 그 지역의 1등 건물일 확률이 높다.

우량 임차인의 경우 임대차 재계약을 하는 시점에서 동일 건물뿐만 아니라 주변 상가의 공실률을 확인해야 한다. 만약 2년마다 재계약 시점에서 계속 10~15% 임대료를 올리다 보면 다른 점포로 임차인이 옮겨 갈 수도 있기 때문이다. 따라서 재계약을 하기 전에 반드시 주변 시세를 확인하고 건물 내 공실률을 잘 파악해야 한다. 특히 7년 차 임차인이라면 더욱 신경을 써야 한다. 초기에 들어간 인테리어 비용과 시설 감가상각이 끝날 무렵이기 때문에 주변에 새 건물이 들어섰다면 임차인은 충분히 옮기고 싶을 수 있다. 임대료를 마냥 올리는 것만이 답이 아니다. 재계약 시점에서는 항상 임차인의 입장에서 다양한 변수를 고려하여 협상에 임해야 함을 기억하자. 대교는 앞 장에서 자세히 다루었으니 참고하기 바란다.

② 홈플러스 익스프레스

홈플러스 익스프레스도 꾸준히 경매에 나오는 물건으로 수익률이 뛰어나다. 운영 주체가 대기업이기 때문에 안정적인 임대 상품으로 인기가 높다. 주로 기존 지역 마트가 있던 자리에 체인이 들어서는 경우가 많다. 공격적인 확장 때문에 동네 상권 침해라는 여론의 뭇매를 피하기 어려워지자 점점 새롭게 오픈하기가 쉽지 않은 실정이다. 그래서 기존에 운영했던 매장을 그대로 이어가길 원한다. 이러한 점 때문에 임대인의 입장에서 홈플러스 익스프레스는 그 가치가 더욱 올라갈 것이다.

불과 5~6년 전만 해도 홈플러스 익스프레스는 다소 공격적인 전략을 폈다. 입점할 당시부터 상가 매입가의 연 9% 임대수익률, 9년 장기 계약으로 임대인에게 굉장히 호의적인 조건을 제시했다. 이런 사실을 알게 된 것도 경매에 나온 홈플러스 익스프레스의 임대사항을 통해서였다. 이런 파격적인 조건을 내세웠던 건 홈플러스 익스프레스의 빠른 확장이 절대적으로 필요했던 시기였던 것으로 보인다. 그 후 여론에 밀려 SSM(기업형 슈퍼마켓)의 확장은 어려워지긴 했지만, 아직 경쟁력이 줄어들지는 않았다. 간혹 경매로 기존 홈플러스 자리가 나오는데, 아직도 우량 임차인 업종으로 경쟁력 있는 투자 물건이다.

③ 패스트푸드(버거킹, 롯데리아)

한국 햄버거 시장의 규모는 1조 5000억 원 정도로 추산한다. 최근 공격적인 확장을 하는 업체는 버거킹이다. 특히 새로운 주유소가 생기면 숍인숍의 형태로 버거킹이 들어온다. 버거킹은 2012년 보고펀드에서 1000억 원에 인수했다가 2016년에 2000억 원의 매물로 다시 시장에 나왔다.

햄버거 브랜드 중에서도 버거킹은 고급스러운 이미지를 강조하며 높은 가격을 고수하고 있다. 이러한 이미지에 맞춰 가맹점 모집, 메뉴 개발, 광고 모델을 섭외한다. 국내에서는 버거킹이 처음 들어왔을 때 규모가 작은 매장 형태로 자리를 잡았다. 자신이 보유한 상가에 햄버거 업종을 생각하고 있다면 버거킹을 고려하는 것도 괜찮다. 이런 인기 업체들이 경매에 나온 경우 낙찰받게 되면 매각하기도 쉽다.

맥도널드는 세계 1위 햄버거 업체라는 강점이 있다. 국내에서도 처음으로 드라이브 스루 매장을 열었다. 맥도널드는 보통 한 건물에 통으로 들어가는 경우가 많다. 직접 요지의 건물을 운영하는데 건물의 가치를 올린 후 나중에 매각하고 나가기도 한다. 이러한 점을 들어 어떤 이들은 맥도널드가 햄버거 프랜차이즈 회사라기보다 부동산 투자회사 같다는 이야기를 하기도 한다. 맥도널드는 2년 전부터 우리나라에서 기존 직영제에서 프랜차이즈 방식으로 변경을 시도하고 있는데 대략 10억을 투자할 경우 연간 수익률을 보장해 주는 구조다.

미국의 다국적기업인 맥도널드는 세계 각국에 진출해 있다. 이 맥도널드가 진출한 나라에서는 그 나라 토종 햄버거 업체가 아예 시작도 못 해보거나 소규모로 운영하다가 망하는 사례가 많다고 한다.

하지만 우리나라의 대표적인 햄버거 체인인 롯데리아는 다국적기업의 기세에 눌리지 않고 승승장구하고 있다. 특유의 박리다매 전략을 펼치며 치열한 경쟁에서 살아남았다. 자기 건물에서 영업하고 싶어 하는 사람들이 가장 선호하는 업체로 선정되기도 했다. 롯데리아는 중·고등학생을 대상으로 한 1+1 정책을 가장 선호하는 업체이기도 하다. 50% 할인이라는 전략이 통한 것이다. 롯데리아는 상가의 유동인구를 늘리고 활성화하는 데 많은 도움을 주는 업종이기도 하다.

주요 블루칩 업종 6가지

대기업 임차인을 넘어서는 블루칩 업종의 핵심 업종을 살펴보고 투자자로서 체크해야 할 특징적인 투자 포인트는 무엇인지 하나하나 업종별로 살펴보자.

① 약국

약국이 개업할 때 가장 중요하게 보는 것은 병원의 진료 과목이다. 병원에서 인기 있는 진료 과목을 들자면 내과, 소아청소년과, 이비인후과의 순이다. 그중 내과가 으뜸이다. 그리고 새로 시장에 진출하는 젊은 약사들은 병원과 같은 층에 있는 층 약국을 선호한다. 그 이유는 병원이 문을 닫을 때 같이 약국 문을 닫을 수 있기 때문이다. 일반적으로 밤늦게 문을 연 약국을 찾게 될 때 1층 약국이 문을 닫은 경우 좀 더 불만의 소리가 높아지기 때문이다.

분양 상가 시장에서 약국의 분양가는 독보적이다. 독보적인 분양가만으로도 그 인기를 가늠할 정도다. 비싼 가격은 수요가 많다는 방증일 터. 하지만 독점이라는 이름으로 지나치게 높은 가격에 분양되기도 한다. 시장에서는 과열된 업종이지만 여전히 극심한 포화상태다.

약사는 매년 1600명씩 배출되고 있다. 수도권만 해도 800여 명의 약사가 졸업한다. 그러나 정작 이 졸업생들이 개업할 약국은 마땅치 않다. 그나마 신도시가 유일한 대안이지만, '독점'이라는 이름으로 1.5배가 넘는 분양가가 나오니 그것도 넘보기 쉽지 않을 것이다.

더군다나 현재 자기 명의의 상가에서 약국을 운영 중인 약사 중에는 약국을 자녀에게 물려주고 싶어 하는 이들도 많다고 한다. 이미 확보한 단골도 있고, 한 자리에서 오랫동안 약국을 운영하였기에 자식에게 대물림해주고 싶을 것이다. 이젠 약국도 세습시대가 오는가 보다.

이러한 흐름 때문인지 약국은 블루칩 중에 가장 핫 한 블루칩이 된 지 오래다. 경매에 등장하기만 하면 최고의 인기를 끌며 낙찰가를 끌어올린다.

개인 약국뿐만 아니라 종합병원 약국도 관심이 높아지는 추세다. 특히 자리를 잡지 못한 종합병원이라면 기회는 존재한다. 종합병원의 약국들은 동네 약국과 비교했을 때 시간이 지나면 지날수록 매출 규모가 커지면서 그 진가가 발휘되는 편이다.

약국을 내고 싶은데 마땅한 자리가 없다고 하여 굳이 비싼 권리금을 주고 들어갈 필요는 없다. 사람들의 동선을 유심히 관찰하여 약국이 들어서도 될 만한 자리를 찾는 것도 방법이다. 메디컬 센터가 있는 건물 내에 엘리베이터 옆 상가나 사람들의 동선이 가장 편리한 곳이라면 약국 자리를 후보로 올려놓을 수 있을 것이다. 낙찰받고자 하는 건물에 약국이 이미 입점해 있다면, 입찰 전 건물의 관리규약을 확인해서 동일 업종이 같은 건물 내에서 영업할 수 있는지 알아보는 것도 잊지 말아야 한다. 신설되는 종합병원이 있다면 직접 찾아가 출입구와 사람들의 동선 등을 관찰해 시뮬레이션을 해보자. 다세대 주택이든 단독주택이든 그 지역 사람들이라면 꼭 지나치는 곳을 찾아내 그곳에 약국이 생겼을 때의 그림을 그려보면 뜻밖의 기회를 잡을 수도 있다.

　요즘 의료 업종에 부동산 투자 사기단의 수법도 날로 진화하고 있다. 이를테면 약국만 전문적으로 노리는 약국 브로커들이 따로 있다고 한다. 신도시는 병원만 입점해 있으면 프리미엄이 붙기 때문에 상가 분양 시 약국 자리는 가장 비싸게 분양을 한다. 약국 브로커들은 비싼 약국 자리를 미리 분양받아 약사에게 피를 붙여서 비싸게 되판다. 약사들이 직접 약국 자리를 알아보고 다니는 경우 대개 부동산 시장의 전반적인 사항을 알기 어렵기 때문에 이런 함정에 걸려들기 쉽다. 특히 자기 지역이 아닌 다른 곳에서 분양을 받아 개업할 때는 임대가격이 적당한 것인지 더욱 주의를 기울여 확인해야 한다.

② 병원

　지상 상가에 입점하는 대표적인 목적 상가로 병원을 꼽을 수 있다. 병원이 운영 중인 상가는 높은 가격으로 매각하기 수월하다. 게다가

병원 양도 양수 시 계약서류

서울휘의 콕 집어주는 센스 TIP

병원을 경매로 낙찰받는 경우 임차인이 병원을 계속 운영 중이었다면 한 가지 알아둬야 할 사항이 있다. 기존 임차인과 재계약을 통해 영업을 이어나간다면 상관없지만 새로운 임차인으로 교체한다면 기존 의사와 새로운 의사 간에 영업을 양도양수 하게 된다. 이때 별도의 양도양수 계약서를 작성하는데 병원은 영업 수익에 관한 별도의 권리금은 거래되지 않는 것이 특징이다. 주로 병원의 시설, 장비에 관한 양도양수 계약으로 감가상각을 통해 금액을 명시하며, 동시에 환자 리스트도 명시하도록 한다.

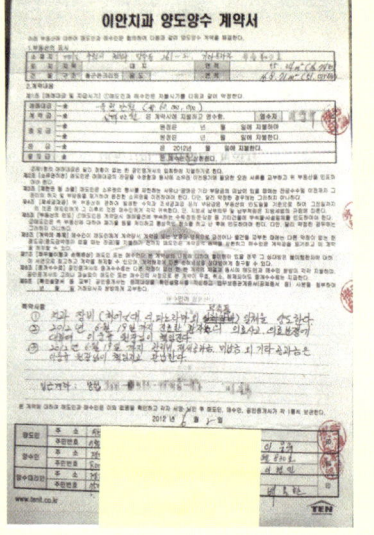

양도양수계약서

양도양수 계약서는 임대인이 직접 관여하는 경우 불미스러운 일이 생길 수도 있으므로 제삼자인 전문 컨설턴트나 공인중개사의 도움을 받는 것이 좋다.

임대 사업을 처음 시작하는 이들이 선호하는 화이트칼라 업종이다.

병원은 개업 혹은 이전할 때 인테리어에 상당한 신경을 쓴다. 타 업종의 경우 5년을 보고 인테리어를 하지만, 병원은 7~10년을 보고 하는 경우가 많다. 그렇기 때문에 계약이 끝날 때쯤에는 연장 계약보다는 직접 매입을 원하는 의사들이 많다. 병원도 하나만 있는 곳보다 진료

과목이 다양한 병원이 함께 포진해 있는 메디컬센터와 같은 역할을 하는 곳이 더 잘 된다. 다양하게 세분화된 과에서 진료를 받을 수 있어서 환자들도 더 선호한다.

이제 병원도 포화상태라 새로운 경쟁자가 들어올 자리가 없어졌다. 그러다 보니 약국과 마찬가지로 신도시에 개발되는 상가에는 처음부터 병원 자리를 점 찍어두고 비싸게 분양을 한다. 그렇기에 더욱 경매로 등장하는 병원 자리를 공략하는 것이 메리트가 있다. 꼭 재계약이 아니더라도 다른 진료 과목의 병원을 입점시킬 가능성도 있기 때문에 병원이 경매로 나오는 경우 적극적으로 공략하자.

③ 편의점

예전에는 개인이 하는 편의점들도 꽤 있었는데 최근 잘되는 자리의 편의점은 거의 다 직영이다. 통계청은 2014년 편의점 매출이 12조 7427억 원에서 2016년 16조 5207억 원으로 29.6% 증가했다고 밝혔다. 동네 마트 자리나 단지 내 소형 상가는 편의점이 그 자리를 대신 차지했다.

전국의 편의점 수도 3만 개가 넘었다. CU는 9409개, GS25는 9285개, 세븐일레븐은 8000개다. 편의점은 지금도 계속 상승곡선을 그리며 성장 중이다.

편의점도 경쟁력 확보를 위해 다른 업종과 콜라보레이션을 선보이는 곳이 있다. CU는 처음으로 편의점 은행을 열면서 편의점 전면에 ATM 기계를 놓았다. 카운터에서는 카드신청, 소액대출, 계좌개설, 금융 상품 가입 등을 할 수 있다. 복층형 매장에서는 인터넷은행 전용 상담코

너를 운영하기도 하면서 편의점도 이제는 저마다 경쟁력을 확보하고자 박차를 가하고 있다.

④ 전문학원

학원은 병원과 함께 지상층에 입점하는 대표적인 목적 상가다. 보통 4층 이상 위치에 많이 들어온다. 학원은 경매로도 많이 등장하는 편이다. 지역마다 학원가로 유명한 특정 상권이 있다. 주로 초·중·고등학교가 많이 포진해 있는 곳이나 아파트가 밀집한 지역의 주변에 주로 생긴다.

초등학생을 대상으로 한 태권도장이나 피아노학원은 특성상 인근에 두 곳 이상 존립하기가 어려우므로 선점하는 업체가 유리한 편이다. 중·고등학교는 보습학원이 주를 이루며 동일 건물에 모여 시너지를 내는 경우가 많다.

학원은 방학 기간을 이용해 창업하거나 이전하는 패턴을 보인다. 원생을 확보하는 두세 달 기간에 임대료를 받지 않는 렌트 프리 방식을 처음으로 도입한 곳도 다름 아닌 학원이었다.

⑤ 파출소

파출소가 상가 투자 상품으로 가능할까 하고 고개를 갸우뚱하는 이들이 대부분일 것이다. 파출소가 한국자산관리공사(캠코) 공매에 대거 등장한 것은 전국의 파출소가 실제 치안 수요에 맞춰 재배치되어 지구대 체제로 전환되면서부터다. 이에 따라 파출소가 온비드를 통해 국유재산 매각으로 공개경쟁에 나오게 되었다. 보통 파출소가 있던 자리는 대체로 입지가 좋은 곳이었다. 지역 주민들이 이용하기 쉬운 곳에 파출소를 두었기 때문이다. 이러한 입지경쟁력이 높은 파출소를 낙찰받아 리모델링 한다면 그 수익은 클 것이다. 실제로 파출소가 새로운 건물로 멋지게 변신하여 매각하는 모습을 몇 번 보았다. 앞으로 진행될 물건들도 제법 되니 관심을 가지고 지켜볼 만하다.

⑥ 산후 조리원

산후조리원을 임차인으로 두면 임대료를 밀릴 일이 없어서 좋고, 향후 매각하기에도 좋다. 왜냐하면, 보통 산후조리원을 이용하는 산모들은 요금을 먼저 지급하고 들어오기 때문이다. 적어도 임대료를 못 받을 일은 적은 것이다. 안정적인 수요만 잘 유지할 수 있다면 큰 리스크는 없다. 게다가 병원과 연계된 산후조리원이라면 더욱 경쟁력이 있다.

산후조리원에는 일주일에 한두 번 소아청소년과 의사가 방문한다. 아무래도 산모들한테는 분만했던 병원의 소아청소년과 담당의가 찾아와 진료하면 더 신뢰도가 높아지기 때문에 선호한다.

산후조리원의 입지를 분석할 때는 주차시설이 매우 중요하다. 특A급 입지보다는 조용하고 접근성이 용이하고 승용차 출입이 편리하다면 더욱 경쟁력이 있다.

2017년 현재, 산후조리원을 이용하는 비용은 보통 2주에 300만 원 전후다. 경제적인 여건이 되는 사람 중에는 1000만 원 넘는 돈을 쓰는 사람도 있다. 고가의 육아비를 지출하는 데 신경 쓰지 않는 경제력이 뒷받침되는 젊은 부부들이 많은 곳이라면 고가정책의 고급 산후조리원의 수요도 꾸준할 것으로 보인다.

산후조리원의 마케팅 전략은 예약을 유도하는 방식을 택한다. 산후조리원에서는 산모들의 분만 예정일에 맞춰 예약하지 않으면 해당 기간에 예약이 다 찰 수도 있다는 점을 내세워 사전예약제로 운영된다. 그리고 시간이 지날수록 가격이 오른다는 점을 부각해 선결제를 유도하기도 한다. 실제로도 산후조리원의 비용은 계속 오르는 추세다. 왜 이렇게 오르는 것일까? 이것도 산후조리원의 입시와 연관성이 있다. 최근에 법이 바뀌어서 새로 생기는 산후조리원은 1, 2층에만 짓도록 했다. 더 고층으로 가면 임대료가 낮아질 텐데 비상시 안전상의 문제로 저층에서만 영업할 수 있도록 강제로 정한 것이다.

이렇게 된 데에는 2012년과 2013년 산후조리원 화재사건이 결정적인 영향을 끼쳤다. 2012년에 서울 소재 4층 산후조리원에서 화재가 발생했는데 산모와 신생아 48명이 긴급히 대피하는 소동이 벌어졌다. 그리고 1년 후 경기도에 있는 6, 7층 산후조리원이 있는 건물 아래층에서 화재가 발생해 산모와 신생아 20명이 밑에서 올라오는 연기에 희생자가 발생했다.

그 후 실태조사를 해보니 그 당시 전국 552곳 가운데 83%인 460곳이 3층 이상 고층에 있었고, 6층 이상은 192곳에 달했다. 그때부터 정치권에서도 산후조리원은 영유아시설인 만큼 1, 2층에 있어야 한다는 의견이 모였고 2014년 10월부터 3층 이상의 지상 상가에는 산후조리원 설립을 제한했다. 이에 따라 1~2층 임대료는 비쌀 수밖에 없고 덩달아 산후조리원 요금도 자꾸 오르게 된 것이다.

트렌드에 따라 뜨는 업종 vs 지는 업종

　최신 유행하는 업종이라고 다 유망 업종은 아니다. 한때 유행하고 마는 업종이 있고 향후에도 지속해서 유망한 업종이 있다. 그렇다면 유행 업종과 유망 업종의 차이는 무엇일까?

　유행 업종은 그 시대의 트렌드, 정부정책, 시장의 환경에 따라 처음 도입기에 폭발적으로 늘어났다가 짧은 주기를 가지고 시장에서 사라지는 업종을 말한다. 이런 주기를 가진 업종들은 의외로 많은데 예전에 와인 삼겹살, 찜닭, 불닭 같은 업종이 그러했고 근래에는 전자담배 업종이 그렇다.
　그에 반해 유망 업종은 특별한 기술을 가진 업종들이 시장에 서서히 진입하는 편이다. 유망 업종은 자체 기술력과 매출 노하우가 있기에 자체적으로 경쟁력이 있다. 그렇기 때문에 자기의 상가에 유망 업종이 들어왔다면 매각하기도 쉽다. 상권, 입지, 콘텐츠 중의 콘텐츠에 해당하는 것이 바로 업종과 연결되기 때문에 경쟁력 있는 업종이 있는 동안에는 임대뿐만 아니라 매각에서도 경쟁 우위를 점할 수 있다.

좋지 않은 입지에 반전을 줄 방법은 결국 콘텐츠경쟁력을 키우는 것뿐이다. 요즘에는 콘텐츠만 있다면 SNS 등을 잘 활용할 수 있고 일단 사람들이 찾아오기 시작하면 콘텐츠의 힘으로 집객력을 유지해 나갈 수 있다.

라이프사이클에 주목하라

상가 투자는 시대의 흐름을 읽고 라이프스타일을 잘 관찰하면 좋은 투자기회를 잡을 수 있다. 새로운 업종의 아이템은 시대의 흐름, 소비하는 주체, 유행문화가 만들어 내는데 그 길목을 잘 지키고 있으면 미리 알아챌 수 있다. 그중에서도 콘텐츠 분야는 가장 앞서나가고 있는 아이템들만 예의주시하고 있어도 그것을 잘 접목시켜 자기의 투자에 활용할 수 있다.

최근 눈여겨보는 업종은 동물병원이다. 반려동물 전성시대라고 불릴 만큼 개나 고양이를 키우는 가구가 늘었다. 우울증이나 치매 예방에도 좋다는 이유로 노년층에서도 반려동물을 많이 키운다. 반려동물을 키워 본 사람은 알겠지만, 동물병원을 찾을 때마다 진료비가 상당히 많이 나와서 놀란 경험이 있을 것이다.

반려동물도 보험이 있긴 하지만 보편화 되지 않아 대부분 보험처리가 안 되고 있다. 게다가 진료비에 대한 동일한 가이드라인이 적용되는 것이 아니라서 같은 진료를 보더라고 동물병원마다 진료비가 천차만별이다.

이런 점에서 반려동물에 대한 인기가 동물병원을 뜨는 업종으로 부각하고 있다. 동탄의 '갤럭시 펫' 같은 경우는 애견숍, 동물병원, 애견카페, 애견호텔, 훈련소까지 한 건눌에 복합적으로 구성되었다. 관련 업종의 매장끼리 복합 상권을 이루어 경쟁력을 높이는 요즘의 트렌드를 따른 것이다. 반려동물의 시장이 점점 커지면서 관련 업종이 전성기를 이루고 있다는 것은 그 업종이 입점한 상가의 임대료에도 긍정적인 영향을 미치고 있다는 것이다.

요즘은 실버세대를 대상으로 한 업종들도 호황이다. 오히려 노년층이 젊은 세대보다 돈을 더 많이 쓰는 추세라 주요 소비층으로 급부상

경매로 나온 콜라텍의 전경.

지도에서 콜라텍 경매 물건의 위치를 찾아볼 수 있다.

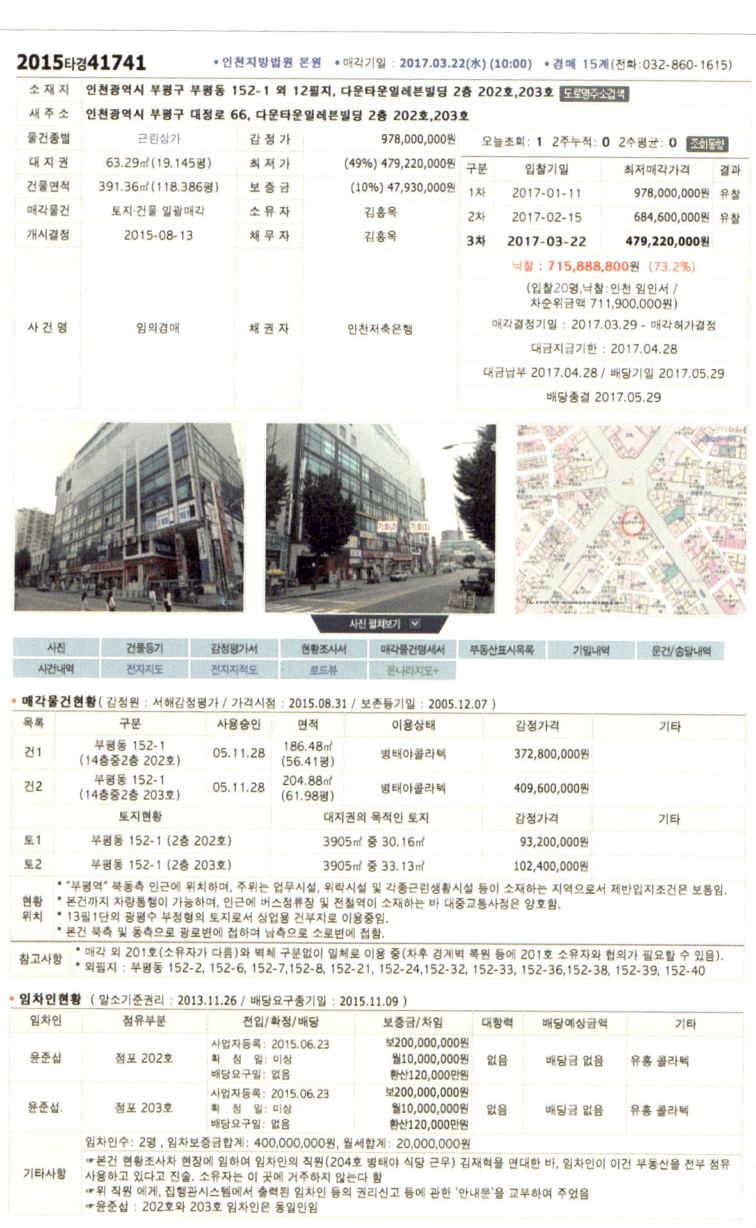

콜라텍의 임대료가 궁금하다면 경매로 나온 물건 정보를 통해 알 수 있다.

한 것도 하나의 요인이다.

그중 콜라텍의 새로운 비상은 눈여겨볼 만하다. 콜라텍은 혐오시설 중 하나지만 높은 영업 이익률로 자영업자들이 주목하는 업종이다. 최근 일반매물로 나온 콜라텍의 권리금을 확인해보니 1억 원대로 형성되어 있었다. 통상적으로 권리금은 순이익의 1년 치를 부르는 게 관례인 것을 고려하면 대략적인 매출을 예상할 수 있었다. 임대료에 비해 가져가는 수익이 상당하다는 의미였다.

콜라텍은 1990년대 청소년들이 건전하게 놀 수 있는 문화공간을 만들자는 취지로 시작됐지만 1500~3000원 하며 음료를 팔아서는 수익을 내기 어려웠을 것이다. 결국, 규모의 경제를 이루지 못한다면 존재 자체가 힘들어진다.

그렇게 잊혀 가던 아이템 '콜라텍'이 50대 후반 장년층부터 70세가 넘는 노인을 상대로 한 '성인콜라텍'의 영업형태로 바뀌면서 명맥만 유지하던 콜라텍이 근래 7~8년 전부터는 이용객 수가 급증하고 있다. 노년층에서 콜라텍이 저렴한 비용과 쉽게 만날 수 있는 사교의 장으로 자리매김하고 있다. 갈 곳 없는 노인들의 해방구가 되어준 걸까? 시대의 변화가 만들어 낸 자연스러운 업종의 진화 같다.

콜라텍은 낮에도 평균 400~500명 정도를 소화하고, 많을 때는 800명까지도 출입한다고 하니 가히 대박 업종이긴 하다.

종종 현장 조사를 다니다 보면 나이가 제법 있으신 중년 여성인데 화장을 무척 진하게 하거나 강한 향수를 뿌린 분들을 보게 된다. 남성분들은 흰색 양복에 흰색 구두를 신은 멋쟁이들도 많이 보인다. 그런 곳엔 어김없이 콜라텍이 성업 중이다. 서울대입구역, 안산중앙역 인근에 모여 있는 사람들만 봐도 콜라텍이 성업 중이라는 것을 눈치챌 수 있었는데 영등포역에도 현재 7~8군데 콜라텍이 성업 중이라고 한다.

얼마 전에 경매로 나온 인천의 콜라텍 물건도 상당한 관심을 유발했다. 유흥 업종들이 밀집해 있어 서로 시너지를 낼 수 있는 위치인 데다 요즘 조용히 뜨고 있는 업종인 콜라텍이 임차인으로 있다 보니 더욱 관심을 기울여 살펴봤다.

이런 업종의 임대료는 얼마나 될까 내심 궁금했는데 보증금 2억 원에 임대료 1000만 원! 상당한 수준의 임대료다. 이 때문인지 20명이나 입찰해서 전회차를 뛰어넘은 금액으로 낙찰되었다.

위치 또한 부평 시장 로터리와 접하고 있어 접근성이 양호했고 초 A급 입지는 아니더라도 B급 이상의 입지라고 할 수 있다. 굳이 콜라텍이 아니어도 다른 업종을 충분히 넣을 수 있는 위치라 공실에 대한 부담도 줄일 수 있을 것 같다.

상권은 상가들이 모여 있는 형태인데 이런 특성상 서로 간의 시너지를 주고받는 것이 중요하다. 하지만 콜라텍은 방문객의 유입력은 높지만, 인근의 소비를 활성화하는 데는 크게 기여하지 않는 듯하다.

최근에 나온 경매물건을 보면 향후 콜라텍의 개수는 더 많이 늘어날 것이란 예상을 해본다. 노년 인구는 계속 늘어날 것이고 놀이문화가 부족한 우리나라의 특성상 이러한 형태는 더더욱 많아질 수밖에 없을 것이다.

"콜라텍은 혐오업종? 아니다. 민폐업종이다."

콜라텍의 피크 타임은 보통 14시 정도라고 한다. 대략 33.06㎡(100평) 정도 하는 콜라텍에 약 500명이 입장을 한다고 하니 상당한 유입력이다.

하지만 그 영업시간 내내 건물 입구와 엘리베이터가 혼잡하니 건물을 이용하는 사람들이 불편을 겪어 방문을 꺼린다. 그나마 같은 건물 내에 있는 식당과 인접한 분식집 정도는 콜라텍의 호황으로 덕을 보고 있다. 비교적 가격이 저렴한 음식 메뉴를 내놓고 있기도 하고 여기에 주류 판매가 한몫 거든다.

콜라텍은 비선호 업종이기 때문에 이런 물건에 접근할 때는 3가지 임대조건을 염두에 두고 접근해야 한다.
 - 현 임차인과 재계약을 해서 임대조건 상향
 - 동일 업종 임차인과 새로운 계약
 - 현 임차인 명도 후 향후 매각이 잘되는 업종과 계약

마지막으로 당부드리고 싶은 것은 상가 투자자로서 콜라텍을 보는 관점을 명확히 하라는 것이다. 민폐 업종이긴 하나 자기 상가에 임대하는 것은 괜찮다. 그러나 이 또한 장기적으로 가져가기에는 부담이 따른다. 자칫 건물 전체에서 콜라텍으로 임차를 준 점포만 잘되고 다른 점포의 매출에는 악영향을 끼칠 경우 같은 건물에 있는 우량한 임차인들은 다 빠져나가고 점점 수준이 비슷한 업종들이 모여들게 될 것이다.

이는 자연스레 건물의 임대료 수준을 떨어뜨려 내 상가에도 부정적인 영향을 미치게 된다.

물론 이런 업종도 아무나 할 수는 없겠지만 왜 이러한 업종이 호황을 누리는지는 관심을 가질 필요가 있는 법이다.

콜라텍과 더불어 근래 눈에 띄게 늘고 있는 요양병원도 눈여겨볼 필요가 있다. 우리나라도 급속한 고령화 사회로 진입했기 때문이다. 전체 인구 중 60세 이상 인구가 차지하는 비율이 14%가 넘어섰다. 지금의 60대는 이전의 60대와 다르다. 그들은 노인이라는 호칭으로 불리길 거부하며 젊고 건강하게 살아간다. 게다가 이들의 소비 파워는 무시할 수 없을 정도로 점점 커지고 있다.

이런 식으로 세대마다 변화하고 있는 시대의 흐름을 먼저 읽고 라이프스타일이 만들어 내는 소비패턴을 좇다 보면 투자의 기회를 잡을 수 있다. 상가는 성급히 투자할 게 아니라 현재의 라이프스타일을 잘 반영하고 있는 유망 업종에 관심을 기울이며 지속해서 투자처를 물색해야 한다.

이 외에도 고정비가 적게 들어가고, 매장 관리가 간단하여 제반 인테리어만 설치하면 되는 가상현실(VR) 사업과 공유와 상생에서 살펴보았던 숍인숍 복합 업종이 더욱 강세를 띨 전망이다.

대세를 거스르면 매출이 떨어지기 시작한다. 인지상정이겠지만, 창업하려는 사람들 대부분은 성공 확률이 높은 업종을 선택하려고 한다.

하지만 막상 창업하고 얼마간 시간이 지나면 그 업종이 이미 한때 유행하고 지나가는 업종이라는 것을 깨닫는다. 업종을 선택할 때도 시류를 잘 타야 한다. 지는 업종을 선택하는 것은 이미 대세를 거스르는 것, 성공하기 어렵다.

한 예로 한때 유행했던 전자담배를 들 수 있다. 일반적으로 정부정책에 반하는 업종은 오래가기 어려운 법이다. 정부가 담배가격을 올린 명분은 국민의 건강을 생각해서였지만 지나보니 세금만 더 거둔 꼴이 되었다.

2015년 초 담뱃값을 2000원으로 인상하자 상대적으로 저렴한 전자담배의 매출이 폭발적으로 증가했다. 전자담배는 무색무취라는 점을 악용해 중·고등학생 소비자까지 가세하며 신드롬을 일으켰다. 하지만 차츰 인상된 담뱃값에 소비자는 적응하게 되었고, 무언가 2% 부족한 전자담배를 버리고 다시 기존 담배로 돌아오는 경우가 많아졌다.

전자담배를 파는 매장의 모습

전자담배를 파는 매장의 모습

이 업종의 특징을 살펴보면 전자담배를 판매하려면 담배사업자의 영업권이 있어야 한다. 그리고 주의할 점은 '영업소 간 거리 제한'이다. 거리 제한은 영업소 간의 영업권과 수익률 보장, 과도한 경쟁 방지 등을 위해 규정하고 있다. 이 거리 제한에 따라 대부분의 전자담배 판매점이 영업소 반경 50m 이내에 기존 영업소가 있는 곳을 피하다 보니 이면도로의 상가나 후면의 상가 등에 담배 판매점이 우후죽순 생겨났다. 이런 현상은 상가 임대사업을 하는 이들에게도 적잖은 변화를 주었다. 오랜 기간 공실로 고통받던 상가로서는 단비 같은 소식이 된 것이다.

내 지인 중에도 상가를 3년간이나 공실로 두었다가 갑자기 임차인을 구했는데 알고 보니 들어온 업종이 전자담배라며 의아해하던 게 기억난다. 하지만 그것도 잠시, 2016년 가을쯤부터 전자담배 점포는 폐업하는 곳이 늘었다. 이렇듯 정부정책의 때아닌 수혜와 담배권이라는 위치의 제한 조건으로 인해 이면도로 쪽의 상가와 후면상가에도 영향을 미치면서 상가 임대업에도 잠시나마 변화를 일으켰다.

최근에는 편의점에서 판매하는 외국산 전자담배가 새로운 돌풍을 일으키고 있다. 일본에서는 이미 그 상품력을 인정받았고 우리나라에서도 매출이 가파르게 상승 중이다. KT&G에서도 출시하여 기존 전자담배 시장에 도전장을 내밀고 있다. 편의점에는 호재지만 전자담배 점포에서는 악재가 분명하다.

두 번째 사례는 '공차'다. 공차는 중국 황실에 진상하던 프리미엄 잎차를 말한다. 대만의 따뜻한 기후 조건에서 자란 프리미엄 찻잎만 사용하여 우려낸 상품이 대표적인데, 한국으로 건너와서는 버블티를 주 메뉴로 하고 있다. 버블티는 커피보다 중독성이 적고 다이어트에 신경 쓰는 여성이 주 소비자층이라 대상이 제한적이지만 꾸준한 매출을 이어오고 있다. 2014년 공차코리아가 공차 글로벌 본사인 대만 로열티 타이완(RTT)을 인수했다. 2012년 미국 본사를 사들인 스무디킹 코리아에 이어 한국지사가 글로벌 식음료 프랜차이즈 본사를 사들이는 두 번째 사례가 되었다.

그러나 공차의 성공을 보고 2014년부터 공차를 모방한 버블티 매장이 많이 생겨났다. 모호한 타깃층도 한몫했지만 질 낮은 품질의 유사 버블티 매장이 서로 경쟁하면서 고객층은 더욱 분산되었다. 그러자 1년을 못 버티고 문을 닫는 곳이 눈에 띄게 늘었다. 그뿐만 아니라 가격 경쟁력으로 밀어붙이는 빽다방과 쥬씨의 틈바구니에서 매출이 제법 떨어진 곳들이 속출했다.

몸에 좋은 재료로 만든다고 하지만 가격 경쟁력의 벽을 넘기는 쉽지 않은 문제다. 스타벅스처럼 특정 소비문화를 형성하지 못하면 외면당하기 일쑤다. 더군다나 타깃층까지 한정된 업종은 더 큰 리스크가 따르기 마련이다.

세 번째 사례는 설빙이다. 한때 설빙의 유행은 가히 신드롬이라 할 만했다. 여름철에는 가는 곳마다 문전성시, 줄을 서서 기다려야 할 정도였다. 빙수에 주력하는 만큼 여름철 매출이 워낙 크고, 상대적으로 겨울 매출은 작다. 예전에 설빙을 직접 운영했던 사람에게 들어보니 여름 6~8월 장사로 1년을 산다고 한다. 성수기 한 달 벌어들이는 수익이 1억 원을 넘긴다고 하니 그럴 만도 하다.

설빙은 초창기에 제빙하는 방식이 독특하다고 하여 더욱 인기를 끌었다. 얼린 우유를 갈아 만든 눈꽃 얼음으로 잘 녹지 않을 뿐 아니라 부드럽고 맛있다. 그런데 가격이 문제였을까? 기본적인 팥빙수의 단가가 8000원대이고 토핑이 올라가면 1만 원이 훌쩍 넘는다. 그렇다고 팥빙수 사이즈가 큰 것도 아니었다. 그런데도 2년여가 흐를 때까지 설빙의 호황은 계속되었지만 2년을 넘기자 설빙 매장은 더는 늘지 않았다. 신규 매장이 늘지 않는다는 것은 성장이 꺾였다는 것을 의미한다. 설빙의 사례를 보면 계절에 매출이 집중되는 업종보다 계절에 영향을 덜 받는 업종이 생명력도 더 강한 듯하다.

마지막으로 미스터피자와 피자헛의 추락이다. 이는 소비자의 라이프 사이클이 변했음을 보여주는 방증이다. 외식문화가 아니라 배달문화로 변한 것이다. 이젠 피자도 치킨과 같은 부류로 보아야 할 때인 것 같다. 더 이상 소비자가 피자를 고급 음식이 아니라 일반 음식으로 여기고 있기 때문이다. 일부 피자 업계는 이런 변화를 잘 읽어 발 빠르게 대응했다. 배달로만 주문이 가능한 전략으로 피자의 가격을 더욱 경쟁력 있게 만든 도미노피자와 알볼로 피자의 약진이 근래 두드러졌다.

지금까지 트렌드에 따라 뜨는 업종과 지는 업종에 대해서 살펴보았다. 위에서도 언급했듯이 유행 업종의 특성상 그 업종이 한번 유행을 타기 시작하면 주변에 유사 점포가 급속도로 많이 생긴다.

상가 투자자는 자신의 상가를 언제 매각하는 것이 좋을지 늘 고민해야 한다. 자신의 상가가 현재 공실이거나 매도해야 하는 상황에서 이런 유행 업종이 임차해 들어왔을 때, 자칫 유망 업종으로 착각하여 매각 타이밍을 놓칠 수 있다. 이처럼 어떤 업종이 유행하고 어떤 업종이 유망할지 늘 트렌드를 꿰고 있어야 수익과 직결되는 매각 타이밍을 놓치지 않을 것이다.

변화가 일어나는
곳을 주목하라

'주춤한 전통 상권, 타격 입은 명동, 뜨는 강북 골목'

　2017년 상권 트렌드를 정리하면 '주춤한 전통 상권, 타격 입은 명동, 뜨는 강북 골목'이라고 할 수 있다.

　먼저 전통 상권으로 강남 상권, 종로 상권, 명동 상권이 대표적이다. 전통적인 강세 상권은 역사와 함께 시간이 지나도 큰 변화를 일으키지 않고 조용히 성장과 다지기를 거듭하면서도 그 위상을 유지하고 있다. 흔들리지 않는 규모의 경제를 이뤘다고 해야 할까? 이미 인지도, 유동 인구의 적정성 확보, 상권의 친숙함이 타의 추종을 불허한다.

　일반적으로 지하상가는 투자 상품으로 부적합하지만, 전통 상권 내에 있는 지하상가라면 다른 상권과는 수요 자체가 다르므로 투자처로도 적합할 수 있다. 예를 들면 강남역은 소비 성향이 강한 젊은 층의 유동 인구가 넘치고, 수요도 충분하다. 여기에 시장에 어필할 아이템만 있다면 지하상가도 충분히 승산이 있다. 특히 전통 상권 내에 있는 지하상가는 자금이 조금 부족한 임차인에게는 좋은 기회가 될 수 있을 것이다.

전통 상권은 당장 큰 변화가 일어나진 않는 듯 보이지만, 그 이면에는 업종 간 미세한 변화가 일어나고 있다. 새로운 업종이 가장 먼저 진입하기도 하지만 그만큼 빨리 사라지기도 한다.

또 이런 상권에는 대형 쇼핑몰의 등장으로 향후 파문을 일으킬 요소가 잠재해 있기 때문에 변화를 여러 채널을 통해 예의주시해야 한다.

최근 명동 상권은 사드의 직접적인 피해를 받고 있다. 대표적인 전통 상권이 이런 일을 당하리라고는 누구도 예상하지 못했을 것이다. 롯데마트의 중국 철수, 중국 관광객의 여행 금지로 명동 상권이 직격타를 맞고 있는 것을 보면 정부의 주요 정책이 상권에 미치는 영향도 눈여겨봐야 한다. 눈앞에 일어나는 사건 하나하나가 내 상가에 어떤 식으로 변화를 일으킬지 모르기 때문이다.

2010년 이후부터 새로운 문화가 신생 상권을 만들어 내는 것이 유행처럼 번져갔다. 이른바 골목상권이라고 대표되기도 한다. 먼저 선도자 역할을 했던 유명인(장진우 거리, 홍석천, 바나나앤코)들도 있었지만, 그들만의 힘만으로는 부족했을 것이다. 그 원동력에는 문화 트렌드, 임대료, SNS 등의 이유가 있을 것이다.

기회가 엿보이는 골목상권

수익형 부동산 투자처로서 골목 상권은 투자자의 눈에서 벗어나 있었다. 하지만 SNS의 영향력이 커지면서 골목 상권에도 기회가 찾아왔다. 장사의 내공을 갖춘 고수들 눈에는 이런 골목상권이 새로운 기회의 땅이 되고 있어 기꺼이 도전장을 던지고 있다. 그들은 스토리의 힘을 빌려 사람들을 끌어모은다. 이들이 도전한 골목 상권의 특징은 대개 권리금이 없고 임대료가 저렴하다.

골목 상권의 특성상 다가구나 다세대 주택을 상가로 변형하는 경우가 많은데 상가에서 주택으로 변경하는 것은 절차가 복잡하고 까다롭지만, 주택에서 근린생활시설로 변경하는 것은 의외로 수월하다. 허가를 받는 사항이 아니라 신고 사항이기 때문인데 그 이유는 주차공간과 밀접한 관련이 있다. 주택은 100~150㎡(30~45평)당 1대의 주차공간을 마련해야 하지만 근린생활시설은 200㎡(60평)당 1대의 주차공간만 마련해도 가능하다. 그래서 더욱 공간을 효율적으로 사용할 수 있다.

골목상권의 핵심경쟁력은 저렴한 임대료이고 많은 사람의 발길을 붙잡을 수 있었던 것은 SNS를 통한 입소문이었다. 프랜차이즈 업체는 들어올 수 없는 신생 상권에 이색적인 점포들로 문화를 형성한 것이다. 홍대의 연남동, 삼청동, 경리단길이 대표적이며 동교동 일대와 서교동 카페거리, 성수동 카페 거리가 형성되면서 홍대 상권의 빅뱅을 이뤄냈다.

홍대 상권은 상권의 확장이란 어떻게 해나가야 하는지 모범적인 답안을 제시한다. 하지만 이런 상권의 경우, 단기에 급등한 상가의 매매

가격으로 초기 진입한 투자자에게는 유리하지만 차후 진입하는 매수자는 신중히 처리해야 한다. 자칫 겉보기에 유명 임차인만 보고 투자했다가 낭패를 보는 사례가 비일비재하기 때문이다. 그래도 매스컴에 오르내리거나 인스타그램에 자주 등장하여 한번 이슈가 된 상권은 그 기세가 3~5년은 족히 가게 되니 그 타이밍을 잘 봐야 한다.

 망리단길에 나온 경매 물건 하나를 살펴보자. 이 경매 물건은 망원동 망리단길 인근에 나온 1층 점포다. 전용면적이 15평가량 되고 감정가 2억 4000만 원으로 저렴하게 나왔다. 법원에 신고된 임대료는 보증금 3000만 원, 월세 100만 원이다. 이 물건은 홍대 상권에서 확장되어 나온 망리단길의 영향 때문인지 38명이 입찰에 참여하여 360,120,000원에 낙찰되었다. 감정가 대비 150.05% 된다.
 망원동은 요즘 핫 한 지역이다. 변화의 기운이 꿈틀꿈틀 느껴진다. 망리단길은 그 명성에 비해 아직 상권이 그 진용을 갖추진 않았지만, 점점 집객력이 높은 업종들이 속속 들어오며 젊은 층의 발길을 끌고 있다. 시간이 흐를수록 상권은 더욱 성장할 거로 보인다. 망리단길에서는 살짝 벗어난 지역이지만 한강공원에 가깝게 접근할 수 있고 대로변 사거리 주상복합 건물 1층에 자리 잡고 있어 입지경쟁력도 양호하다.
 현재 운영하는 치킨집보다는 콘텐츠경쟁력을 갖춘 업종을 잘 선정한다면 월 150만 원 선까지는 충분히 받을 수 있는 자리로 보인다. 향후 망리단길이 자리를 잡게 되면 그 수혜도 볼 수 있을 것이다. 망원동의 1층 상가라는 것 자체가 희소성을 가질 수 있을 것이다.

2014타경15640 • 서울서부지방법원 본원 • 매각기일 : 2015.01.20(火) (10:00) • 경매 8계(전화:02-3271-1328)

소 재 지	서울특별시 마포구 망원동 419-3, 참존빌딩 1층 105호 도로명주소검색		
새 주 소	서울특별시 마포구 망원로 19, 참존빌딩 1층 105호		
물건종별	근린상가	감 정 가	240,000,000원
대 지 권	20.1㎡(6.08평)	최 저 가	(100%) 240,000,000원
건물면적	49.14㎡(14.865평)	보 증 금	(10%) 24,000,000원
매각물건	토지·건물 일괄매각	소 유 자	마명순
개시결정	2014-09-26	채 무 자	마명순
사 건 명	임의경매(소액청구금액)	채 권 자	채무자마명순의파산관재인변호사강승호

오늘조회: 1 2주누적: 1 2주평균: 0 조회동향

구분	입찰기일	최저매각가격	결과
1차	2015-01-20	240,000,000원	
낙찰 : 360,120,000원 (150.05%)			
(입찰38명,낙찰:동대문구 김경섭 / 차순위금액 298,650,000원)			
매각결정기일 : 2015.01.27 - 매각허가결정			
대금지급기한 : 2015.03.06			
대금납부 2015.02.12 / 배당기일 2015.04.03			
배당종결 2015.04.03			

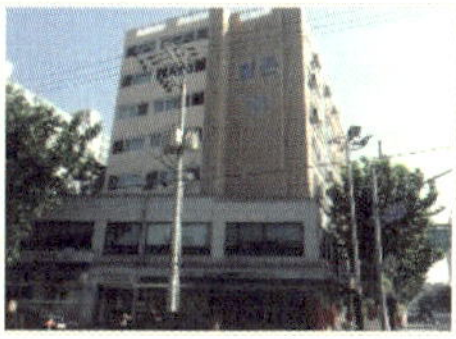

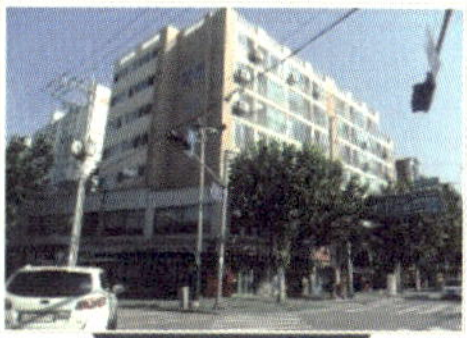

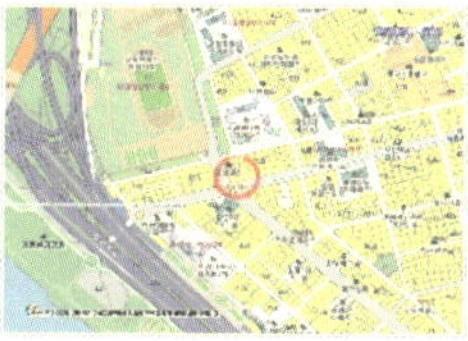

사진 펼쳐보기

사진	건물등기	감정평가서	현황조사서	매각물건명세서	부동산표시목록	기일내역	문건/송달내역
사건내역	전자지도	전자지적도	로드뷰	온나라지도+			

• **매각물건현황** (감정원 : 신평감정평가 / 가격시점 : 2014.10.07)

목록	구분	사용승인	면적	이용상태	감정가격	기타
건물	7층중 1층	05.09.05	49.14㎡ (14.86평)	점포(치킨천국)	비준가격 240,000,000원	* 개별난방
토지	대지권		853.6㎡ 중 20.1㎡			
현황 위치	* "망원유수지 체육공원" 남동측 인근에 위치하며, 주위는 아파트 다세대주택,단독주택 등과 노변을 따라 각종 근린생활시설, 상가 등이 혼재되어 있음 * 본건까지 차량 접근 용이하며 인근에 버스정류장과 지하철 6호선 "망원역"이 있는 등 교통사정은 무난시됨 * 인접지와 등고평탄한 부정형의 토지이며 주상복합건물 건부지로 이용함 * 본건 부지 남동측과 남서측으로 2차선 도로와 접함					

• **임차인현황** (말소기준권리 : 2010.07.16 / 배당요구종기일 : 2014.12.01)

임차인	점유부분	전입/확정/배당	보증금/차임	대항력	배당예상금액	기타
정미경	점포 전부	사업자등록: 2005.09.22 확 정 일: 2005.09.22 배당요구일: 2014.11.12	보30,000,000원 월1,000,000원 환산13,000만원	있음	배당순위있음	현황서상 차: 140만원
임차인분석	☞임차인 정미경이 본건 목적물 105호(점포) 전부를 점유함 ☞임차인의 설명과 등록사항등의 현황서를 참고로 하여 조사함 ▶매수인에게 대항할 수 있는 임차인 있으며, 보증금이 전액 변제되지 아니하면 잔액을 매수인이 인수함					

경매로 나온 망원동 1층 상가의 정보 자료.

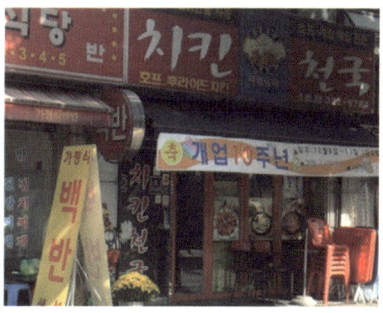

망원동 경매 물건(낙찰 전)

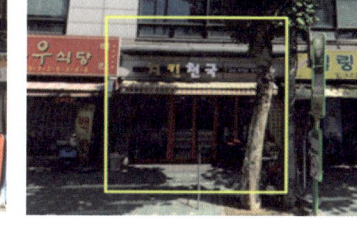

망원동 경매 물건(낙찰 후)

이 물건은 감정가 대비 높은 금액에 낙찰된 거로 생각할 수도 있지만 향후 망원동의 높아지는 가치를 고려할 때 그런 논쟁은 무의미하다. 그동안 가려져 있던 상가의 가치가 드러날 수 있으리라 본다. 보증금 3000만 원에 월 100만 원이라는 임대료만 놓고 봤을 때는 도통 입찰가를 얼마로 정해야 할지 감이 오지 않았지만 현장을 방문하고 망원동의 빠른 상권 변화를 체감하고 나면 3억은 훌쩍 넘겨야 낙찰 가능하다고 생각했다. 누군가는 비싸게 받았다고 할 수도 있지만 매매가의 바로미터인 임대료의 꾸준한 상승은 결국 매매가를 견인하게 될 것이고 2~3년 뒤에는 낙찰가를 훌쩍 넘기는 매매가가 되지 않을까 예상해본다.

최근 이러한 골목 상권에 장사의 내공을 갖춘 고수들이 속속 자리를 잡으면서 상권 성장의 원동력이 되고 있다는 소식은 참으로 반갑다. 앞으로 뜨는 상권은 지역 고유의 스토리를 개발한 곳이 될 가능성이 크다. 예술과 문화가 융합된 곳이라면 성장 가능성은 더욱 커질 것이다. 그렇다면 향후 발전 가능성이 큰 차세대 상권이 어디인지 알아보자.

문래동 창작촌 상권

문래동 창작촌은 문래역 7번 출구에서 200m 떨어진 곳에 있다. 1960년대 후반 청계천에 기반을 두고 운영되던 철공소들이 이곳으로 자리를 옮기며 관련 업종들이 모여들기 시작했다. 철강 산업의 부흥기와 맞물리면서 이 일대는 대규모 철공 단지로 제법 이름을 날렸다. 하지만 철강 산업이 쇠락기에 접어들자 이곳에도 한파가 몰아쳤다. 공장

세입자들이 빠져나가고, 철공소들도 경영난에 이전과 폐업을 거듭하면서 공실이 늘었다.

시간이 흘러 2000년대 중반부터 변화가 일어나기 시작했다. 저렴한 임대료를 내면서도 넓은 공간을 찾던 예술가들이 하나둘 모여든 것이다. 게다가 철공소의 특징이었던 높은 층고는 작업하기에 최적의 조건이었다. 특히 홍대에서 터를 잡고 활동했으나 상권의 성장으로 턱없이 높아진 임대료에 대한 대안을 찾던 예술인들에게 문래동은 그야말로 대안 공간이 되었다.

거리에 조형물을 세우고 낡은 철공소 벽에 벽화를 그리는 등 문래동은 예술의 거리로 탈바꿈하기 시작했다. 이런 변화가 인스타그램, 페이스북을 통해 알려지면서 이색적인 상가와 맛집이 속속 들어오고 있다. 1층 10평 기준으로 연남동 초기 상권의 임대료와 비슷한 패턴을 보이는데, 최근 방문객이 급증하고 있다는 사실이 다양한 빅 데이터를 통해 포착되고 있다.

물론 배후 세대 부족, 집객 시설의 유치 등 한계도 있지만 작은 규모에서 최적의 가성비를 끌어내며 콘텐츠가 강한 상권으로 자리를 잡을 확률이 높다고 본다. 문제는 이런 상권이 자리를 잡을 때마다 불거지고 있는 젠트리피케이션 현상이다. 이를 극복하기 위해서는 앞으로도 꾸준히 임대인과 임차인이 함께 공존하고 상생할 방법을 찾아야 할 것이다.

서울대입구역 상권

구상권과 신상권이 만나는 지점이기도 한 '샤로수길'은 최근 유행하는 것처럼 주택을 개조해 상가로 바꿔 영업하는 골목길 상권이다. '샤로수길'이라는 이름은 서울대의 정문 모양을 딴 '샤'와 '가로수길'의 합성어다. 대학가 근처에 자리한 상권답게 서울대 학생들이 주 타깃인데 20~30대 원룸 자취생들과 미혼 직장인들까지 배후 세대가 풍부한 곳이다.

샤로수길은 원래 유동인구가 많은 편은 아니었고 평범한 주택가였다. 하지만 저렴한 임대료와 개성 있는 청년 창업가들의 등장으로 SNS를 통해 회자하면서 젊은 층의 유입을 불러왔다. 지금은 임대료도 2배 가까이 올랐는데 아직 샤로수길의 성장은 끝나지 않았기에 앞으로도 상승할 확률이 높다고 본다. 단, 샤로수길의 핵심 경쟁력이 저렴한 임대료였던 만큼 가파른 임대료 상승이 이어질 때 이미 자리 잡고 장사를 잘하던 점포들도 빠져나갈 위험이 있다.

용산의 열정도 상권

최근 들어 주목받는 골목 상권으로는 용산의 열정도가 있다. 열정도는 높은 빌딩으로 가득 찬 용산의 한복판에 옛 향수를 느끼게 하는 업종들이 속속 들어서고 있는데 젊은 창업자들의 진입이 눈에 띈다. 하지만 부담스러운 임대료 때문인지 상권은 빠른 활성화를 보이지 않는다.

앞으로도 골목 상권, 틈새 상권 등에도 관심을 기울여야 하는 이유는 뜻밖의 새로운 기회를 발견할 수 있는 곳이기 때문이다. 새로운 기회는 변화가 가능한 곳에서 일어난다.

　유행에 휩쓸리기 쉬운 골목길이 제대로 된 상권으로 자리 잡기 위해서는 고유의 정체성을 계속 발전시키는 노력이 필요할 것으로 보인다. 상가는 개별성이 강하기 때문에 한 상가만 잘 되더라도 그것을 보고 새로운 창업자가 계속 진입할 수 있다. 그렇게 눈에 띄는 가게가 하나둘 늘어나면 자연스레 상권의 성장으로 이어지고 독특한 분위기는 곧 문화를 만들어 낼 것이다.

상권을 변화시키는 젠트리피케이션 현상과 도시 재생의 힘

골목상권의 그림자

　최근 골목길 상권의 흥망성쇠의 시간이 짧아지고 있다. 젠트리피케이션의 그림자가 드리워지면 그 상권이 기울기 시작하는 게 느껴질 정도다. 예전 경리단길이나 연트럴파크 등과 비교했을 때 4~5년 정도 지나야 나타나던 이상 징후가 학습효과 때문인지 2~3년 사이에도 일어나기 시작한 것이다.

　젠트리피케이션이란 '뜨겁게 이슈가 되고 있는 상권에서 일어나는 변화로 급격한 임대료 상승을 못 견딘 소규모 임차인이 쫓겨나는 현상'이다. 보통 건물의 소유주가 바뀌면서 임대료를 올리고 그 자리를 대기업 프랜차이즈가 들어서며 상가 고유의 정체성과 특색을 감소하게 하여 그 상권만의 특별함을 잃고 만다.

　이리 카페의 사례는 젠트리피케이션의 전형적인 모델이다. 이리 카페의 임대료는 2009년 이미 서교동에서 마포구 와우산로 3길로 옮겨 온 이후 2~3년 동안 급등했다. 처음에 이전했을 때는 월 임대료가 200만 원 초반에 그쳤지만 5년이 지난 후 400만 원이 넘었다. 건물주가 해마다 임대료를 50만~60만 원씩 인상을 요구하는데 영업을 계속하려면 맞춰줄 수밖에 없었을 것이다.

이리 카페는 비슷한 상황으로 이미 서교동에서 한번 쫓겨난 경험이 있었다. 2004년 서교동에 처음 문을 연 뒤 작품 전시와 인디밴드 공연이 함께 이뤄지는 문화공간으로 홍대의 명소로 인기가 높았다. 하지만 건물주는 해마다 무리하게 임대료 인상을 요구했고, 급기야 "조카가 카페를 하고 싶어 한다"며 이리 카페를 내쫓았다.

갑자기 오른 월세를 감당하지 못한 임차인이 선택할 수 있는 방법은 정해져 있다. 임차인은 한계 임대료에 다다르면 다른 지역으로 옮길 수밖에 없다. 이런 현상은 서울 곳곳에서 일어나고 있어 우려의 목소리가 높다. 결국, 임대인만 좋은 일 시켜주는 꼴이다. 이런 일을 지켜보면서 느끼는 것은 어떻게든 자기 건물에서 장사해야지 이처럼 사업을 펼쳐보기도 전에 쫓겨 다니는 일은 피할 수 있을 것이다.

젠트리피케이션 현상이 발생하는 단계는 다음과 같다.

1단계는 상권이 아직 형성되지 않아서 임대료가 저렴한 지역에 개성 있는 상점들이 들어온다. 상점들은 SNS 등을 통해 입소문을 타면서 그 지역 유동인구가 느는 데 큰 역할을 한다. 기존의 건물주들은 임대 수요가 늘어남에 따라 임대료를 높이는 한편, 높은 수익률을 제시하며 매각을 고려한다. 이때 기존 건물주는 외부 투자자에게 건물을 파는 방식을 선호한다. 그 이유는 직접 운영하는 임차인에게 파는 것보다 훨씬 비싼 가격에 팔 수 있기 때문이다.

2단계는 두 번째 건물주 혹은 유명 프랜차이즈점들은 투자금을 만회하기 위해 임대료를 대폭 올린다. 때에 따라서 건물주들은 이 지역을 단기간에 뜨는 거리로 만들기 위해 기자들에게 홍보를 부탁하기도 한다.

3단계는 비싼 임대료 때문에 버티지 못한 기존 임차인들이 나가고 새 임차인들이 들어온다. 기존 임차인들은 다시 상권이 개발되지 않은 지역을 찾아 옮기는 것을 반복해야 한다. 서울에서 이런 단계를 거쳐 젠트리피케이션 현상이 일어난 대표적인 곳은 종로구 서촌을 비롯해 홍익대 인근, 망원동, 상수동, 경리단길, 삼청동, 신사동 가로수길 등이다.

젠트리피케이션 현상의 단계별 특징

1단계	상권이 아직 형성되지 않은 지역, 즉 임대료가 저렴한 지역을 찾아 개성 있는 점포가 하나둘 오픈
2단계	건물주의 임대료 상승, 프랜차이즈 업체 입점하기 시작
3단계	기존 점포들이 임대료를 견디지 못하고 다른 곳으로 이주
4단계	다시 상권이 형성되지 않은 저가의 임대료 지역 물색

예를 들어, 경리단길은 이태원의 비싼 임대료 때문에 임차인들이 근처로 옮겨가면서 핫 플레이스가 되었다. 이국적이고 개성이 넘치는 가게들이 몰리면서 사람들의 입소문을 타기 시작했다. 그러나 다시 상업적

색깔이 짙은 상점들이 들어서면서 오히려 기존에 있던 특색 있던 가게들은 다시 이 지역을 떠나야 하는 상황이 됐다.

상권의 흥망성쇠를 좌우하는 데는 매스컴과 입소문도 한몫했다. 요즘은 아예 매스컴에서 적극적으로 어필하여 상권을 띄우려는 움직임도 포착된다. 이렇게 특정 지역을 띄우게 되면 젊은 층이 몰려오고 그 여파에 30~40대가 가세하여 상권이 활성화된다.

이때 초기 진입했던 임차인은 다음에 들어오는 임차인에게 높은 권리금을 받고 빠져나간다. 건물주도 기회를 보아 최고가에 상가를 매도하여 빠져나간다. 이렇게 되면 정작 그 상권에서 자리 잡아야 할 임차인들은 높은 임대료를 내지 못해 다른 지역으로 내몰리는 악순환이 반복된다. 이러한 현상은 자칫 상생보다는 공멸로 이어질 우려가 있다.

골목이 뜨는 순간, 곧 떠날 것을 고민해야 하는 세입자와 최고의 매각 타이밍을 두고 고민하는 임대인, 이 두 입장이 서로 다른 그림을 그리고 있다는 것이 우리의 현실인지도 모른다. 그러니 골목길 상권에 투자할 때는 단순히 유행하는 상권이나 업종에 투자할 것이 아니라 그 입지를 잘 살피고 장기적으로 최소한 투자자의 매도 포지션이 완성될 수 있는 시간을 확보할 수 있는 위치인지를 꼼꼼히 점검해 봐야 할 것이다.

젠트리피케이션은 지역을 활성화한다는 측면이 있음에도, 기존에 있던 예술가들이 지속해서 자리 잡지 못하고 다시 떠나야만 하는 상황 속에서 부정적인 단어로 자리매김하게 됐다. 최근에는 이런 문제점에 관한 대책 논의가 뜨겁다. 임대료를 동결한다든지 '자율·상생협약', '문화예술 오픈 스쿨', '문화예술 관광 체험 비즈니스 모델 구축' 등 다양한 사업 시도로 공공기관과 지역 주민들이 의기투합하고 있다. 이런 여러 가지 시도가 성공한다면 침체한 지역을 다시 활성화하고, 지역 생태계는 파괴되지 않을 것이다.

상권을 변화시키는 또 한 가지 사례는 요즘 많이 대두하고 있는 도시 재생이다. 도시학자 리처드 플로리다(Richard Florida)는 도시 재생의 성공을 문화의 다양성과 창의적 인재의 수용에 있다고 강조했다. 즉, 예술가들의 창조성이 도시를 변화시킨다는 것이다.

영국에서는 이민 노동자들이 있는 템스강 하구 쪽을 활성화하기 위해 올림픽파크를, 남쪽에는 런던박물관 등을 세우고 남북을 연결하기 위해 밀레니엄 브리지를 건설했다. 국토 불균형, 빈곤층 집중 거주 지역, 양극화, 삶의 질 등 다양한 사회 불안 요소들을 해결하기 위해 도시 재생에 관심이 높아졌다.

최근 서울에서 고가를 공원으로 조성한 것도 도시 재생의 일환이다. 서울시는 '7017프로젝트'를 통해 고가를 공원으로 바꿈으로써 새로운 보행로가 생기고, 그것으로 서울 주변을 도보 관광지로 만들겠다는 계획을 세웠다. 이는 남대문 시장, 세운상가, 만리동 등 낙후 지역 활성화에 영향을 미칠 것으로 보인다.

도시는 여전히 살아 꿈틀거리며 재생하는 중이기에 이런 변화를 예의 주시하고 그 시기를 포착한다면 이미 포화지역이라고 생각하기 쉬운 서울과 수도권에서도 충분히 나만의 알짜상가를 가질 가능성은 앞으로도 더 커질 것이다.

 칼럼 | 서울휘의 알짜상가 이야기

임차인, 임대인 그 너머에 사람이 있다

지금은 돌아가신 나의 아버지는 살아생전 마포에서 카센터를 운영하셨다. 근 40년간 임차인으로만 살아가셨다. 매달 100만 원이 넘는 월세를 내면서 영업을 하셨는데 가게가 자리를 잡을 때쯤이면 어김없이 가게 자리를 옮기곤 하셨다. 당시는 자리를 잡을 만하면 왜 가게를 옮기는지 잘 이해가 안 갔지만 지금 생각해보면 임대료는 점차 올라가고 아마 5년쯤 지났을 때 한계 임대료에 직면한 것이리라. 임대인과 임차인, 우리는 어떤 포지션에 서 있어야 할까? 매우 보기 드물게, 파워 있는 임차인이 '방 빼겠다!'고 엄포를 놓는 일도 있지만, 아직 우리나라는 임차인에 대한 보호 장치가 미약하다.

처음 계약을 하고 시간이 지나 재계약 시점이 되면 어김없이 오르는 임대료. 임차인은 임대료만 올린다고 계속 다른 점포 자리를 구하느라 전전긍긍할 게 아니라 더 늦기 전에 자신도 임대인이 되는 방법을 모색해야 한다. 적어도 내가 운영하는 점포가 있다면 더욱 그 임차인의 지위에서 하루빨리 벗어날 수 있도록 수단을 강구해야 할 것이다.

우리는 왜 임대인이 되어야 하는 걸까? 그 이유는 임차인보다 관리해야 할 변수는 상대적으로 적으면서 안정적인 수입을 가져올 수 있기 때문이다. 임대인은 공실이나 임대료가 제때에 들어오는지만 챙기지만, 임차인은 물가 및 식재료 인상, 인건비 상승, 임대료 상향과 더불어 업종에 따라 여러 가지 외부 악재도 신경 써야 한다. 예컨대 향후 보습학원도 아이들의 감소 추세로 보아 장기적으로는 학원 수요가 점차 줄어들 것이다.

경매물건을 검색하다 보면 누군가는 임대인으로, 누군가는 커피숍이나 편의점 임차인으로 살아가는 모습을 보게 된다. 이렇게 경매로 나오는 경우 임차인의 지위는 풍전등화와 같은데 경매로 소유권이 이전되면 모든 계약관계가 소멸한다. 즉, 영업을 계속하고 싶어도 못할 수 있다는 것이다.

자기의 생사결정권을 다른 이가 쥐고 있다는 뜻인데 남의 일이라고만 생각할 게 아니다. 나의 아버지처럼 전혀 원하지 않는 결정을 해야 할 순간이 올 수도 있기 때문이다. 누군가는 돈이 없어 상가를 살 수 없다고 한다. 그러나 정말 돈이 문제일까? 혹시 시도조차 하지 않기 때문은 아닐까? 변화를 선택하는 것보다 그냥 임차인의 지위에 머물러 있고 싶은 것은 아닐까?

어떤 투자를 하든지 그 시작점에서 필요한 조건은 행동력이다. 아무리 책을 많이 읽고 강의를 열심히 듣고 현장 조사를 매일 다녀도 결국 내 손으로 계약서를 쓰지 않으면 아무런 의미가 없다. 행동하지 않는 것은 두려움의 결과이자 원인일 수도 있다. 나도 겁이 나서 경매를 공부한 지 3년 만에야 직접 낙찰을 받을 수 있었다. 하지만 막상 시도하고 보니 그렇게 겁낼 만한 일이 아니란 것을 알게 되었다. 그때 시도하지 못했다면 지금의 자리까지 오지 못했을 것이다. 이제는 왜 좀 더 빨리 시작하지 않았는지 하는 후회마저 든다.

투자는 길게 보고 가야 하는 길이다. 지치지 않고 투자를 하려면 자기만의 시스템을 갖추고 본질을 보는 눈을 길러라. 투자를 하다 보면 혼자 결정해야 할 일들이 많은데 그 고민하는 시간도 즐길 줄 알아야 성장할 수 있다.

마지막 당부는 투자에 앞서 사람들과 소통하는 능력을 키우라는 것이다. 투자도 사람과 사람 사이에서 이뤄지는 일이기 때문이다. 나도 힘들 때마다 온라인 부동산 투자 카페나 블로그로 소통하면서 긍정적인 기운을 많이 얻을 수 있었다. 기운을 많이 얻을 수 있었다. 예전에는 눈치가 빠르고 촉이 좋은 사람들이 투자를 잘했지만, 요즘은 공감 능력이 뛰어난 사람들이 투자를 더 잘한다. 사람을 남기지 못하고 돈만 남기는 사람은 불행하다. 혼자 독식하는 투기꾼이 아니라 사람들과 더불어 행복하게 살아가는 투자가가 되어야 롱런할 수 있을 것이다.

에필로그

 어느 때보다 바쁘게 보냈던 지난 한 해였지만 이렇게 2018년 새해에 맞추어 두 번째 책을 낼 수 있게 되어 말할 수 없이 뿌듯하고 감사하다.
 첫 번째 책《나는 상가에서 월급받는다》보다 좀 더 깊이 있는 내용을 다루고자 부단히 노력했고 아쉬움이 있는 부분은 여러 번 수정과 보완을 거쳤지만 실은 아직도 많이 부족하다.
 자기의 투자 경험과 노하우를 글로 옮기는 일은 여전히 나에게는 힘든 일이다. 시간이 흐르면서 더 견고해지는 투자 실력과 더불어 글 쓰는 노하우도 더 나아지리라 기대하며 이제는 조금 무거웠던 마음의 짐을 내려놓아야겠다.
 더불어 2016년 시작된 '부동산클라우드'는 부동산 투자자에게 필요한 강의를 발굴하고 제공하는 비즈니스 플랫폼으로 이를 통해 다양한 지식과 정보를 공유하며 꾸준히 그 영역을 넓혀 나가고 있다.
 2017년 2월부터 시작한 팟캐스트는 1회부터 줄곧 부동산 분야 1위였고, 2017년 12월 다운로드 수 1000만을 돌파했다. 빠숑 님, 아임해피

님과 함께 진행하는데 세 명의 팀워크가 환상적이라는 말을 많이 듣는다. 어떻게 그런 조합을 맞추었느냐고 물으면 정말로 그저 운이 좋았다는 상투적인 대답밖에 할 말이 없다. 방송을 해나가면서 점점 상대방으로부터 긍정적인 에너지를 얻고 그들의 경험과 노하우로부터 많은 아이디어를 얻게 되니 함께하는 것만으로도 정말 감사한 마음뿐이다.

이 책의 발간과 더불어 팟캐스트에서도 알짜상가에 관한 이야기들을 많이 다루고 대중이 기대하는 눈높이에 맞추어 상가 투자에 대해서도 이야기할 생각이다.

부클TV에서는 2017년 10월부터 '서울휘의 톡톡경매'라는 타이틀로 아프리카TV와 유튜브로 방송을 진행하고 있다.

2018년 1월부터는 매주 일요일 저녁 9시부터 2시간가량 생방송을 진행하고 방송분량을 그대로 유튜브에 올려 많은 사람이 찾아볼 수 있게 할 계획이다. 2018년에는 좀 더 많은 사람이 생방송으로 들을 수 있도록 시간대를 조정하고 콘텐츠를 짧게 조각내서 편집한 후 유튜브에 올려 관심 분야를 쉽게 검색할 수 있도록 할 예정이다. 경매를 처음 접하는 사람들이 으레 느끼게 되는 익숙하지 않은 검색 패턴에 착안하여 그 부분을 내가 도와줄 수 있지 않을까 하는 생각에서 '서울휘의 톡톡경매'라는 방송을 시작하였다. 타인이 경매정보 사이트에서 검색하는 방법을 어깨너머로 훔쳐보는 콘셉트로 진행하기 때문에 시청하는 이들은 노하우를 쉽게 배우고 금방 따라 할 수 있을 것이다.

경매정보 사이트를 활용하는 데 정석은 없지만 조금 더 쉽게 자신이 원하는 물건을 검색하는 방법은 있다고 생각한다. 검색 툴을 잘 이용하고 검색어를 적절히 사용하는 기본에서부터 하나의 경매물건에서 어떠한 요소들을 집중적으로 봐야 하는지 매번 방송을 보다 보면 어느덧 자기도 모르게 눈에 익숙해질 것이다. 아파트와 주택 경매 물건도 다루고 있지만, 상가 쪽을 좀 더 비중 있게 다루고 있다. 이 책을 읽고 조금이라도 상가 투자에 관심을 끌게 되었다면 '서울휘의 톡톡경매'로 상가 투자 영역에 좀 더 친근하게 다가가 보시라.

　2017년을 돌아보니 어느덧 투자자에서 사업가로 한걸음 발돋움해 나아가고 있다. 아마 상가 투자라는 아이디어가 넘치는 분야로 시작하지 않았다면 불가능한 일이었을지도 모른다. 그 시작에서 모든 것이 파생되어 지금의 '부동산클라우드'로 성장해나갈 수 있는 동력이 되었다고 생각한다.

　이 책의 독자들도 상가 투자의 매력을 느끼고 투자의 성과가 날 때까지 정진하기를 바란다. 또한, 거기에 머물지 않고 다양한 콘텐츠를 만들어 누군가에게 필요한 지식이나 상품을 제공하는 생산자가 되기를 응원해 본다. 훌륭한 콘텐츠는 더 많이 나누고 공유할수록 더 큰 가치가 되어 다시 자기에게 돌아올 것이다.

　육아와 살림에 정신없지만 늘 격려와 응원을 잊지 않는 와이프 최영미에게 진심으로 감사한 마음을 전한다. 가장 가까이에서 나를 지켜보며 내가 보지 못하는 부분에 대해 조언과 피드백을 해주는 아내에게 언제나 고맙고 미안하다. 와이프는 내 첫 책 《나는 상가에서 월급받는다》와 부동산클라우드, 팟캐스트, 부클TV 등 내가 기획하고 제작한 콘텐츠들의 가치를 항상 높이 평가해 주었다. 가끔 어떻게 그런 다양한 일들을 구상할 수 있느냐는 아내의 격려에 도리어 내가 더 큰 활력을 받는 것 같다. 그리고 2016년 6월 우리 가족에 새롭게 합류한 러키 군이 있어 세상을 열심히 살아야겠다는 에너지를 얻는다. 러키의 태동 시절부터 시작된 여러 가지 좋은 일들이 지금도 꾸준히 이어지고 있는 걸 보면 태명이 그러하듯 복덩이임이 분명하다.

다 열거할 순 없지만, 이 책이 나오기까지 보이지 않는 곳에서 묵묵히 도와주셨던 분들에게 진심으로 감사의 마음을 전한다. 아마도 그분들이 아니었다면 하루하루 정신없이 보내느라 놓치는 일이 많아서 결코 이 책을 완성하지 못했을 것이다. 나에게는 어떤 일이 진척이 안 될 때 천우신조처럼 나타나 도와주시는 분들이 정말 많았다. 우호적인 사람이 주변에 많다는 것은 그 무엇보다 삶을 값지고 풍요롭게 해준다. 내가 그리고 이 책이, 내가 받았던 것처럼 누군가 도움이 절실한 이들에게 우호적인 관계의 시작이 되길 기원해본다.

나 역시 지금처럼 상가 투자의 세계에서 넘버 원(Number One)이 아니라 온리 원(Only One)이 될 때까지 멈추지 않고 달려갈 것이다.

2018년 2월
서울휘 배용환

서울휘의 월급 받는
알짜상가에 투자하라

초판 1쇄 발행 · 2018년 2월 27일
초판 4쇄 발행 · 2022년 4월 15일

지은이 · 배용환
펴낸이 · 이종문(李從聞)
펴낸곳 · 국일증권경제연구소

등록 · 제406-2005-000029호
주소 · 경기도 파주시 광인사길 121 파주출판문화정보산업단지(문발동)
영업부 · Tel 031)955-6050 | Fax 031)955-6051
편집부 · Tel 031)955-6070 | Fax 031)955-6071

평생전화번호 · 0502-237-9101~3

홈페이지 : www.ekugil.com(한글인터넷주소 · 국일미디어, 국일출판사)
E-mail : kugil@ekugil.com

•값은 표지 뒷면에 표기되어 있습니다.
•잘못된 책은 바꾸어 드립니다.

Copyright© 2018, 배용환

ISBN 978-89-5782-121-3(13320)